KB194167

슬기로운 문서생활

이 화 진 저

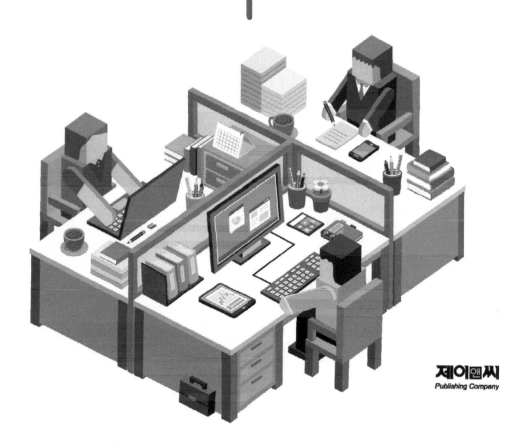

제이앤씨
Publishing Company

머리말

　　이 책은 사무직 종사자의 문서작성 및 사무관리 능력 향상에 도움을 주기 위하여 문서작성과 사무관리에 대한 이론과 업무에서 슬기롭게 적용할 수 있는 실무문서 예제를 포함하고 있다.

　　먼저 사무직 종사자는 직무특성상 정확하고 올바른 커뮤니케이션 능력을 갖추어야 한다. 효과적인 커뮤니케이션 능력은 상사와의 원활한 인간관계 및 업무관계의 형성에 영향을 미칠 뿐만 아니라 궁극적으로 조직의 성과를 향상시키는데 기여할 수 있다. 커뮤니케이션 능력은 구두 키뮤니게이션, 문서 커뮤니케이션, 비언어적 커뮤니케이션 등의 다양한 방법이 있지만, 그 중에서도 문서 커뮤니케이션은 조직의 업무와 관련된 중요한 사항을 문서화하여 추후에 활용하여 조직의 성과 창출에 기여하고 있다.

　　따라서 사무직 종사자는 조직의 내·외부에서 작성 및 수·발신하는 문서의 내용을 정확하게 이해하고 표현할 수 있는 문서작성능력이 필수적이다. 문서는 대내외적으로 그 중요성이 크므로 올바른 문서작성법을 학습하여 문서작성능력을 향상시켜 취업시에 업무에 잘 활용할 수 있도록 하여야 한다. 또한 작성된 문서를 업무의 목적과 효용에 따라 적절히 분류하고 관리할 수 있어야 한다. 특별히 이 책은 사무직으로 진로를 준비하고 있는 예비 취업자들의 취업에 도움이 될 수 있도록 문서작성 및 사무관리 이론뿐만 아니라 다양한 비즈니스 문서 실습예제를 다루어봄으로써 문서작성 역량을 향상시킬 수 있도록 하였다.

　　이 책이 나올 수 있도록 도움을 주신 여러분께 진심으로 감사드리고, 이 책을 통하여 비즈니스 문서작성 및 사무관리에 대한 이해의 초석을 마련할 수 있기를 바란다. 더불어 사무직을 희망하는 예비취업자들이 입직하였을 때 업무수행에 실질적인 도움이 될 수 있기를 기대한다.

2022년 가을
저자 이화진 拜上

차 례

- 판정처리를 위한 기록
- 역사적 사실 기록
- 계산·분석을 위한 수치, 기술을 선택·정리
- 계획, 실적, 경과를 나타내고 비교·조회
- 사내·외의 증거물건으로 활용
- 업무사항을 분류·구분

④ 자료 제공

보관·보존된 문서는 필요한 경우 언제든 참고자료 내지 증거자료로 제공되어 행정활동을 지원·촉진한다.

⑤ 업무 연결·조정·협조

문서의 기안·결재 및 협조 과정 등을 통해 조직 내외의 업무처리 및 정보순환이 이루어져 업무의 연결·조정 기능을 수행하게 된다.

라. 문서 처리의 원칙

① 즉일처리의 원칙 : 효율적인 업무수행을 위해 그날로 처리한다.
② 책임처리의 원칙 : 각자가 자신의 직무범위 내에서 책임을 갖고 관계 규정에 따라 신속하고 정확하게 처리한다.
③ 법령적합의 원칙 : 법령의 규정에 따라 일정한 형식적, 절차적 요건을 갖추어야 하고 권한 있는 자에 의해 작성, 처리한다.

2. 문서의 성립과 효력 발생

가. 문서의 성립 시기

문서의 성립 시기는 당해 문서에 대한 최종결재권자의 서명(전자이미지서명·전자문자서명 및 행정전자서명 포함)에 의한 결재가 있음으로써 성립하고, 성립요건은 정당한 권한이 있는 조직원이 직무 범위 내에서 공무상 작성하고 결재권자의 결재가 있어야 문서가 성립한다. 이때 '결재권자'라 함은 기관의 장 및 위임전결규정에 의하여 기관의 장으로부터 결재권을 위임받은 자를 말한다.

나. 문서의 성립 요건

① 적법한 권한이 있는 사람이 공무상 작성하여야 하고 최종결재권자가 결재해야 한다.

② 당해 기관의 의사표시가 정확하고 명백하고 표시해야 한다.

③ 내부적으로 위법 또는 부당하거나 시행 불가능한 내용이 아니어야 한다.

④ 규정된 절차에 따라 형식이 정리되어야 한다.

다. 문서의 효력발생 원칙

문서의 효력발생 시기를 정하는 원칙은 표백주의(表白主義), 발신주의(發信主義), 도달주의(到達主義), 요지주의(了知主義)로 구분된다. 이 중 우리나라는 도달주의를 채택하고 있으므로, 수신자에게 도달되었을 때부터 효력이 발생하게 된다.

① 표백주의

문서가 성립한 때 즉 결재로써 문서의 작성이 끝난 때에 효력이 발생한다. 이는 내부결재문서와 같이 수신자 없는 문서의 경우에는 합당하나, 수신자가 있는 경우에는 수신자가 해당 문서의 작성에 관해 전혀 알지 못하는데도 효력이 생기게 되어 문서발신 지연 등 발신자의 귀책사유로 인한 불이익을 수신자가 감수해야 하는 부당함이 발생할 수 있다.

② 발신주의

성립한 문서가 수신자에게 발신된 때 효력이 발생한다. 이는 신속한 거래에 적합하며, 특히 다수의 수신자에게 동일한 통지를 해야 할 경우, 획일적으로 효력을 발생하게 할 수 있다는 장점이 있다. 다만 문서의 효력발생시기가 발신자의 의사에 좌우되고, 상대방이 아직 알지 못하는 상황에서 효력이 발생한다는 단점이 있다.

③ 도달주의(수신주의)

문서가 수신자에게 도달해야 효력이 생긴다. 수신주의(受信主義)라고도 하며, 도달이라 함은 문서가 상대방의 지배범위 내에 들어가 사회통념상 그 문서의 내용을 알 수 있는 상태가 되었다고 인정되는 것을 의미한다.

④ 요지주의

문서가 수신자에게 도달된 후 수신자가 문서내용을 알게 된 시점부터 효력이 발생한다. 이는 상대방의 부주의나 고의 등으로 인한 부지(不知)의 경우 발신자가 불이익을 감수해야 하는 폐단이 발생하고, 지나치게 상대방의 입장에 치우친다는 단점이 있다.

라. 문서별 효력발생 시기

① 일반문서

문서가 수신자에게 도달될 때 그 효력을 발생하되, 전자문서는 수신자가 관리하거나 지정한 전자적 시스템 등에 입력됨으로써 그 효력을 발생한다고 규정하고 있어 도달주의를 원칙으로 하고 있다.

② 공고문서

고시, 공고 등 공고문서는 그 문서상에 효력발생 시기를 명시하고 있지 않으면 그 고시 또는 공고가 있은 날부터 5일이 경과한 때에 효력이 발생한다. 5일의 경과기간을 두는 것은 일반에게 그 내용을 알리는데 필요한 최소한의 주지기간으로 볼 수 있어 공고문서에 효력발생 시기를 명시하는 때에는 최소한 5일 이상의 주지기간을 두어야 한다.

③ 법규문서

법규문서는 공포한 날로부터 20일이 경과함으로써 효력이 발생한다.

3. 문서의 종류

가. 작성 주체(writer)에 의한 분류

① 공문서(公文書)

공문서는 행정기관 또는 공무원이 그 직무상 작성·처리 또는 접수한 문서이다. 사무관리규정 제3조에 의하면 공문서라 함은 행정기관 내부 또는 상호 간이나 대외적으로 공무상 작성 또는 시행되는 문서 및 행정기관이 접수한 문서로 정의하고 있다. 이때 공문서에는 일반적인 문서는 물론 도면·사진·디스크·테이프·필름과 슬라이드 등이 포함된다.

- 공문서의 종류
    - 법규문서 : 헌법·법률·대통령령·총리령·부령·조례 및 규칙 등에 관한 문서
    - 지시문서 : 훈령·지시·예규·일일명령 등 기관의 장이 하급기관이나 소속공무원에 대하여 일정한 사항을 지시하는 문서
    - 공지문서 : 고시·공고 등 일정한 사항을 소속기관, 공무원 또는 일반 국민에게 알리기 위한 문서
        - 고시 : 법령이 정하는 바에 따라 일정한 사항을 일반에게 알리는 문서
        - 공고 : 일정한 사항을 일반에게 알리는 문서
    - 비치문서 : 비치대장·비치카드 등 소속기관이 일정한 사항을 기록하여 소속기관 내부에 비치하면서 업무에 활용하는 대장·카드 등의 문서
    - 민원문서 : 민원인의 허가·인가·청원·진정 및 처분 등 특정한 행위를 요구하는 문서와 그에 대한 처리문서
    - 일반문서 : 위 각 문서에 속하지 아니하는 모든 문서. 일반문서 중 특수한 것으로서 회보와 보고서가 있음
        - 회보 : 행정기관의 장이 소속 공무원이나 하급기관에 업무연락·통보 등 일정한 사항 알리기 위한 경우에 사용하는 문서
        - 보고서 : 특정한 사안에 관한 현황 또는 연구·검토 결과 등을 보고하거나 건의하고자 할 때 작성하는 문서

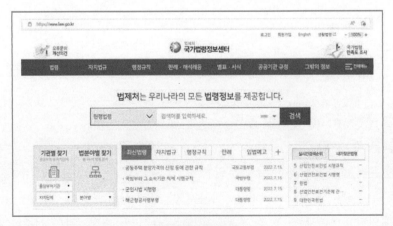

[국가법령정보센터]

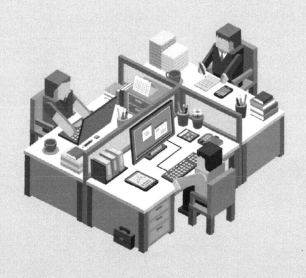

Part Ⅰ

슬기로운 글쓰기

[법규문서]

[공고문서]

② 사문서(私文書)

사문서는 개인이 사적인 목적을 위하여 작성한 문서로, 안내장, 인사장, 소개장, 추천장, 초청장 등이 포함된다. 사문서도 각종 신청서 등과 같이 행정기관에 제출하여 접수가 된 것은 사문서가 아니고 공문서로 된다. 단, 그 문서를 제출한 사람도 접수된 문서를 임의로 회수할 수는 없다.

나. 유통 대상(distribution)에 의한 분류

조직 내부에서 내부적으로 계획 수립, 처리방침 결정, 업무보고, 소관사항 검토 등을 하기 위하여 결재를 받는 문서를 말한다. 내부적으로 결재를 받는 문서는 발신하지 않는다.

① 사내(대내)문서

기업이나 정부기관 내에서, 혹은 본점과 지점 사이에서 여러 가지의 업무 연락이나 정보의 전달을 목적으로 작성하는 조직체 내부의 문서를 말한다. 조직구성원에게 내리는 지시문이나 전달문, 본점과 지점 사이의 각종 품의서, 보고서, 지시서, 전언 통신문, 각종 장표 등이 있다.

- 품의서 : 소관 업무의 수행과 관리를 위하여 계획된 중요한 사항에 관하여 상사에게 상신하여 결재를 얻는 문서
- 보고서 : 상사의 지시와 요구 또는 자의에 의하여 특성 사안에 관련된 사항을 상사에게 보고하는 문서
- 지시서 : 상사가 부하 직원에게 업무 운영상의 방침과 계획에 관한 지침을 내리거나 기타 업무 통제를 목적으로 작성하는 문서
- 협조전 : 특정 업무에 대하여 최고 의사 결정권자가 결재하고 지적한 사항에 관하여 관련 부서간 의견 교환과 협조를 얻는 데 사용하는 문서
- 업무 연락서 : 부서간 업무에 관한 협조, 의뢰, 통보를 하기 위하여 또는 부서 간의 정보 제공과 협조의 수단으로 사용되는 문서
- 회보 : 업무상의 유의 사항, 참고 사항, 조언 사항, 공지 사항 또는 상벌 사항 등을 주지시키기 위하여 작성하는 문서
- 전언 통신문 : 긴급 사항으로 정식 문서 전달의 시간적 여유가 없을 때 전화나, 인편, 기타 통신 수단으로 수발되는 문서

Chapter 01
슬기로운 문서

1. 문서의 개요

　　과거에는 조직에서 이루어지는 '업무'의 본질을 종이를 사용한 기록·활용 및 보존이라는 '사무'의 범위로 한정적으로 인식함에 따라 '업무'의 개념도 사무실에서 이루어지는 서류의 생산·유통·보존 등 서류에 관한 작업(paper work, desk work)으로 한정하여 파악하였다. 그러나 정보화 사회가 되어 감에 따라 정보의 가치가 중요해지면서 '업무'의 개념에 업무 목적을 달성하기 위한 모든 정보의 수집·가공·저장·활용 등 일련의 정보처리과정을 포함한다. 그럼에도 불구하고 '사무'의 시작은 문서로부터 출발하므로 문서에 대한 이해가 선행되어야 한다.

가. 문서의 정의
　　문자나 기호, 숫자 등으로 인간의 의사 또는 사물의 상태, 관계 또는 현상 등을 지면을 이용해 표시한 기록이다.

나. 문서의 필요성
　　"모든 업무는 문서로 시작해서 문서로 끝난다"라고 할 정도로 대부분의 업무활동은 문서로 이루어진다. 즉, 조직의 대·내외 커뮤니케이션 및 의사결정을 위해 문서는 업무를 수행하는 과정에서 필수적인 요소로서 일반적으로 다음과 같은 경우에 문서가 필요하게 된다.

① 복잡한 내용의 체계적인 정리
② 사무처리 결과의 증거 및 증빙 자료
③ 사무처리의 형식상·체계상의 필요

④ 사무처리를 위한 의사소통

⑤ 사무처리 결과의 보존 및 정보원으로 활용

다. 문서의 기능

문서의 기능은 크게 의사(意思)의 전달과 의사의 보존이라는 두 가지 기능을 중심으로 경영관리의 수단이 되며, 의사의 기록과 구체화, 자료의 제공, 업무의 연결, 조정 그리고 협조의 기능을 지닌다.

① 의사(意思) 기록 및 구체화

문서는 사람의 의사를 구체적으로 표현하는 기능을 갖는다. 사람이 가지고 있는 주관적인 의사는 문자·숫자·기호 등을 활용하여 종이나 다른 매체에 표시하여 문서화함으로써 그 내용이 구체화된다. 이 기능은 문서의 기안에서부터 결재까지 문서가 성립하는 과정에서 나타나는 것이다.

② 의사(意思) 전달

문서는 자기의 의사를 타인에게 전달하는 기능을 갖는다. 문서에 의한 의사전달은 전화나 구두로 전달하는 것보다 좀 더 정확하고 변함없는 내용을 전달할 수 있다. 이것은 의사를 공간적으로 확산하는 기능으로서 문서의 발송·도달 등 유통과정에서 나타난다.

- 작업을 명령하고 전달함
- 결정·승인을 구함
- 연락, 통지, 양해를 구함
- 계약 체결
- 조사결과 및 의견을 기록
- 어떤 사항의 요구와 의뢰

③ 의사(意思) 보존

문서는 의사를 오랫동안 보존하는 기능을 갖는다. 문서로써 전달된 의사는 지속적으로 보존할 수 있고 역사자료로서 가치를 갖기도 한다. 이는 의사표시를 시간적으로 확산시키는 역할을 한다.

- 명령서 : 당직이나 출장 등의 업무에 관한 문서
- 인사발령문서 : 직원의 개인 신상 변동에 관한 사항을 명령하는 문서

 장표

일정한 양식을 가지고 해당사항을 기입해 넣을 것을 예정해서 빈칸을 만들어 놓은 문서사무 용도의 용지로서 반복되는 사무에 이용되며 전표, 장부, 표가 있다.

- 표 : 어떤 상호 관련된 사항들을 비교하거나 분류해서 독자에게 보이고자 할 때, 문장설명으로 하는 것보다 일목요연하게 이해할 수 있도록 그 내용들을 표화(表化)하여 정리해 놓은 것. 표는 보통 숫자 등으로 나타낸 것이 많으나, 단어나 짧은 문장 등으로 된 것도 있다.
- 전표 : 서식이 간단·명확한 것으로 빈칸에 거래내용을 기입하여 한 장씩 따로 떼어서 사용할 수 있도록 한 것. ex) 입금전표, 출금전표, 대체전표 등
- 장부 : 재산의 증감거래를 조직적·계속적으로 기록·계산하여 기업경영활동의 내용 및 결과를 명백히 하기 위한 기록수단으로 지편을 합철한 것. 장부의 범위를 회계에 쓰이는 것으로만 한정한다면(회계장부), 부기내용은 더욱 명확해진다.

② 사외(대외)문서

외부의 다른 기업 혹은 다른 조직과 주고받는 문서로서 통지, 조회, 의뢰, 초대, 독촉 등의 형식을 취하는 문서이다. 사외문서는 공문서에서부터 사교적인 문서에 이르기까지 다양하다. 사교적인 통신문서인 의례문서로 인사장, 안내장, 초대장 등이 있으며, 상거래에 직접 관계되는 거래문서를 상용통신문서라고 하는데 주문서, 청구서, 송품장, 검수증, 영수증 등이 있다. 또한 기업의 홍보나 상품의 소개 또는 광고를 위한 문서로써 사원채용공고, 신제품 광고, 특약점 모집광고, 기업선전광고 등이 있다.

③ 전자문서

컴퓨터나 정보처리 능력을 가진 장치로 작성·송수신 되거나 저장되는 문서를 말하여 이와 같은 문서는 전산망을 활용하여 시행·접수된다. 이메일이나 인터

넷을 통한 기록물 및 전산망을 통하여 이루어지는 업무용 채팅(Chatting)의 내용도 전자문서에 포함된다.

다. 처리단계(process)에 의한 분류

처리단계에 의한 문서는 접수문서, 기안문서(결재문서), 시행문서(발송문서), 완결문서, 보관문서, 보존문서, 폐기문서, 마이크로필름 문서로 절차적으로 분류할 수 있다.

처리 단계	설명
접수 문서	내부기관 또는 외부기관에서 접수하는 문서로서 조직에서는 접수를 담당하는 부서에서 절차를 거쳐 접수한 문서
기안 문서	사전에 결재권자의 결재를 얻기 위하여 기안서식에 따라 사무처리 초안을 기재한 문서
시행 문서	기안문서의 내용을 시행하기 위하여 규정된 서식에 의해 작성한 문서
완결 문서	기안 후 결재를 거친 다음 시행목적에 따라 완결된 문서
보관 문서	처리가 끝난 완결문서로써 보관될 문서
보존 문서	자료로서의 가치가 있으므로 보존을 필요로 하는 문서
폐기 문서	보존기간이 종료되어서 문서로서의 가치를 상실하여 폐기처분되어야 하는 문서
마이크로필름 문서	지면이 아닌 마이크로필름에 중요한 내용의 문서나 영구보존의 필요성이 있는 문서를 보관 ex) 언론사의 옛날 뉴스 아카이브

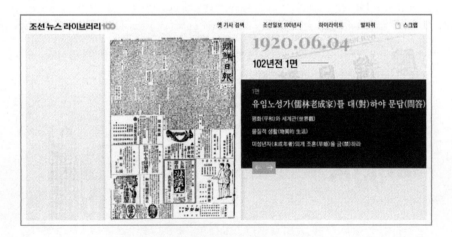

[마이크로필름_언론사 조선일보 예시]

Chapter 02
문서작성

1. 문서작성 요건

가. 내용의 정확성

사무문서는 그 자체가 중요한 증거가 되거나 수신자의 의사결정과 행동에 영향을 미치므로 정확성이 요구된다. 정확한 문서가 되기 위해서는 다음과 같은 사항을 고려해야 한다.

① 자료를 완전히 갖추어야 한다. 불완전한 자료로서 작성된 문서에서 정확성을 기대하기는 어렵다.

② 올바른 맞춤법과 띄어쓰기를 준수하여 표기법을 정확히 해야 한다. 또한 문자, 언어를 정확히 사용함은 물론 문법상, 관습상의 잘못이 없도록 주의할 필요가 있다.

 - 맞춤법
   • [로써/로서] 그것은 교사로써 할 일은 아니다. → 그것은 교사로서 할 일은 아니다.
     ◇ '로서' : 지위나 신분 또는 자격을 나타내는 격 조사
     ◇ '로써' : 어떤 일의 수단이나 도구를 나타내는 격 조사 ex) 대화로써 갈등을 풀 수 있을까?
   • [율/률] 백분률 → 백분율
     ◇ 받침이 있는 말 뒤에서는 '렬, 률', 받침이 없는 말이나 'ㄴ' 받침으로 끝나는 말 뒤에서는 '열, 율'로 적는다. ex) 비율, 실패율, 매칭률
   • [년도/연도] 시설년도 → 시설 연도
     ◇ 한자음 '녀, 뇨, 뉴, 니'가 단어 첫머리에 올 때에는 두음 법칙에 따라 '여, 요, 유, 이'로 적는다. '시설년도'는 한 단어가 아니므로 '시설 년

도'로 띄어 써야 하고, '연도'는 독립된 단어이므로 '년도'가 아니라 '연도'로 적어야 한다.

- 띄어쓰기
  - [달러, 원, 명, 톤 등 단위를 나타내는 명사] 296억달러 → 296억 달러 / 10만톤 → 10만 톤 / 오십명→ 오십 명
    - ◇ 단위를 나타내는 명사는 앞말과 띄어 쓴다.
  - ['제-'와 같은 접두사] 제 1섹션 → 제1 부문/제1부문
    - ◇ '제-'는 '그 숫자에 해당되는 차례'의 뜻을 더하는 접두사이므로 뒷말과 붙여 쓴다. 또한 외래어(섹션)보다는 순우리말을 사용하는 것이 바람직하다. ex): 제1 과(원칙) / 제1과(허용)
  - ['-여 / -쯤 / -가량'과 같은 접미사] 50여명의→ 50여 명의/ 내일 쯤→ 내일쯤/ 일주일 가량→ 일주일가량
    - ◇ (해설) '-여', '-쯤', '-가량'은 접미사이므로 앞말과 붙여 쓴다.
  - [호칭어나 관직명] 홍길동씨 → 홍길동 씨 / 행정안전부장관 → 행정안전부 장관
    - ◇ 성과 이름은 붙여 쓰고 이에 덧붙는 호칭어, 관직명 등은 띄어 쓴다.
  - ['본, 총'과 같은 관형사] 2020년부터 본제도 시행. → 2020년부터 본 제도 시행. 총300대 → 총 300대
    - ◇ '본'은 관형사로 뒷말과 띄어 써야 한다. (한자어 '본'보다는 고유어 '이'를 권장)
    - ◇ '총'은 모두 합하여 몇임을 나타내는 관형사로 뒷말과 띄어 써야 한다. 단, 접두사로 쓰일 때는 뒷말과 붙여 쓴다. ex) 총감독, 총결산, 총인원

 정확한 사용을 요하는 용어

- '이상'과 '이하'는 제시한 숫자를 포함(>=) ex) "시속 30㎞ 이하로 한다."
- '미만'과 '초과'는 제시한 숫자를 불포함(>) ex) "29세 미만"
- '외'는 제시한 숫자까지 포함 ex) "홍길동 외 4명"
- '이전', 이후' '이래' 등은 표시한 일시 포함(=<) ex) "8월 15일 이전까지만 받습니다."
- '전'과 '후'는 표시된 일시 포함(<, >) ex) "3월 14일 전에 완납하시오."

③ 작성이 합리적이어야 한다. 이는 사무절차의 단순화와 밀접한 관계가 있다. 즉, 복사함으로써 한 장부에서 다른 장부에 기재 사항을 옮겨 쓰는 전기 작업이 가능하게 한다든가, 꼭 필요한 도장만 찍게 하여 책임의 소재를 애매하게 하지 않도록 하는 사무절차상의 검토가 필요하다.

④ 5W1H의 원칙하에 체크할 필요가 있다.

 6하 원칙

> − 문서작성에 있어서의 필수조건으로 누가(who), 언제(when), 어디서(where), 무엇(what), 왜(why), 어떻게(how)의 여섯 가지 기본이 되는 조건을 말한다.
>
> • 누가(who) : 행위의 주체자(주어, 발신자)
> • 언제(when) : 문서 작성일자, 문서에서 언급하는 사실과 관련된 시간(일시)
> • 어디서(where) : 문서의 사실관계와 관련된 장소 또는 문서작성 부서(장소)
> • 무엇(what) : 문서의 핵심 내용 부분으로 사실관계의 대상(목적어, 안건 또는 이슈)
> • 왜(why) : 이유나 원인으로 결론에 근거가 되는 중요한 요소(필요성 및 배경)
> • 어떻게(how) : 어떠한 사항에 대한 전후 진행 상황을 설명하는 내용(방법론)

나. 표현의 적절성

이해하기 쉬운 글자·용어·문맥을 선택한다. 명쾌한 문장이 되기 위해서는 어려운 표현을 피해야 한다. 규정문이 아니고 설명문인 경우에는 이해하기 쉽게 쓰는 것이 가장 중요하다. 이해하기 쉬운 문서를 작성하기 위한 요령은 다음과 같다.

① 긍정문으로 작성한다.
② 문장은 짧고 간결하게 쓴다.
③ 행을 적당하게 나눈다.
④ 한자는 상용한자의 범위 내에서 사용한다.
⑤ 문제점 및 결론을 먼저 쓴다.
⑥ 문서의 내용을 일목요연하게 파악할 수 있도록 간단한 표제를 붙인다.

다. 작성의 신속성

① 신속한 작성을 위해서는 문서작성에 관한 사항이 표준화되어야 한다.

② 기업체의 일상 업무는 동일 업무의 반복이므로, 표준적인 예문을 준비해 두고 활용하면 노력과 시간을 절약할 수 있다.

③ 표준 예문, 상례문 시스템, 패러그래프 시스템(Paragraph System) 등을 활용하고 반복적인 문서는 워드 프로세서를 이용하면 상당한 도움이 된다. 상례문 시스템은 미리 표준 문장을 작성해 두고 같은 성격의 내용이 반복되는 문서에서 이에 필요한 사항만을 더하여 끝마치게 하는 방식이다. 패러그래프 시스템은 기업에서 많이 쓰이는 문장을 모아서 그것을 분류, 정리하고 각각의 표현 구절마다 코드를 붙여 이를 조합하여 문장을 조립하는 방식이다.

상례문 시스템

- 계절 인사말
  - 봄철의 인사말
    - ✓ 초봄 : 새봄을 맞이하여 생기 충만한 계절에, 만물이 움트는 화창한 봄날에, 기다리던 새봄에
    - ✓ 늦봄 : 훈풍이 향기로운 요즈음
  - 여름철의 인사말
    - ✓ 초여름 : 신록에 젖어가는 계절에, 초하의 계절에
    - ✓ 한여름 : 무더운 여름철에, 심한 더위가 기승을 부리는 요즈음
    - ✓ 늦여름 : 늦더위가 기승을 부리는 즈음에
  - 가을철의 인사말
    - ✓ 초가을 : 시원한 바람이 아침저녁으로 부는 가을에, 천고마비의 좋은 계절에, 황금물결이 파도치는 9월의 들판
    - ✓ 늦가을 : 잿빛 하늘이 쌀쌀해 가는 늦은 가을에, 들국화 향기 그윽한 계절에, 단풍잎이 곱게 물든 시월
  - 겨울철의 인사말
    - ✓ 초겨울 : 첫눈이 벌써 겨울을 재촉하는 이때, 월동 준비에 마음이 바쁜 계절에, 한 해가 또 저물어 갑니다, 다사다난했던 한 해를 마무리하며
    - ✓ 한겨울 : 온 세상이 꽁꽁 얼어붙은 섣달의 추위에

> ✓ 늦겨울 : 늦추위가 기승을 부리는 요즈음
> - 의례적인 인사말
>   • 귀사의 무궁한 발전을 기원합니다
>   • 귀사의 날로 번창하심을 축하드립니다
>   • 평소에 베풀어주신 각별한 배려에 깊은 감사를 드립니다

라. 취급의 용이성

① 문서는 처리되기 위한 것이므로 기입을 용이하게 하고, 파일링에 편리하도록 양식에 충분한 배려를 하여야 한다.

② 대외용 서한, 영구보존문서 등에는 용지가 조잡하지 않은 것을 써야 하며 용도에 따라 용지를 선택해야 한다.

마. 비용의 경제성

① 기업의 경제활동을 위한 문서작성 비용은 되도록 최소화한다.

② 경비절감에 초점을 두고 워드 프로세서와 같은 기기를 이용하고 기존 문서를 활용하는 등 적은 노력으로 큰 효과를 올릴 수 있는 문서작성 방법을 고안해야 한다.

③ 목적에 맞게 경제적으로 종이를 선택하는 등의 방법으로 경비를 절감할 수 있다.

2. 문서작성 방법

가. 문장 성분

한 문장이 오류가 없는 바른 문장이 되기 위해서는 문장 성분이 제대로 갖추어져야 한다. 문장 성분은 한 문장 내에서 일정한 기능을 하면서 문장의 의미를 구성한다. 따라서 문장 성분이 제대로 갖추어지지 않은 문장은 그 자체가 오류이면서, 동시에 의사를 바르게 전달할 수 없다. 문장의 오류를 발견하고, 수정하는 능력은 문장 성분에 대한 바른 이해를 바탕으로 가능하다.

구분		설명
주성분 (문장의 골격을 이루는 필수 성분)	주어	문장의 주체가 되는 성분으로 '누가', '무엇이'에 해당하며, 서술어가 나타내는 동작이나 상태의 주체가 되는 말이다.
	서술어	주어의 움직임·상태·성질 등을 서술(동사·형용사)하는 말로 '어찌하다', '어떠하다', '무엇이다'에 해당하는 말이다.
	목적어	서술어의 대상이 되는 성분으로, '무엇을'에 해당하는 말이다. ex) 타동사의 목적이 되는 말, '밥을 먹다'
	보어	주어와 서술어만으로는 뜻이 완전하지 못한 문장에서, 그 불완전한 서술어(되다, 아니다)를 보충하는 구실을 하는 성분이다.
부속 성분 (주성분을 꾸미는 성분)	관형어	체언 앞에서 체언의 내용을 꾸미는 구실을 하는 문장 성분으로 '어떠한', '무엇이'에 해당하는 말이다. 관형사, 체언, 체언에 관형격 조사가 붙은 말이다.
	부사어	주로 용언이나 다른 부사를 꾸며 주는 성분으로, '어떻게', '어찌'에 해당하는 성분이다.
독립 성분	독립어	문장의 다른 성분과 분리되어 독립해 쓰이는 성분으로 감탄사·호격 조사가 붙은 명사 같은 것이 해당한다.

나. 문장 진술 방식

문장 진술 방식은 크게 서술식과 개조식으로 구분할 수 있다. 문장은 문장성분을 갖추어 언어 용언 및 서술격 조사 '이다', '-다', 등의 종결 어미를 붙여 진술하는 것이 일반적인 형태이고 이를 서술식이라고 한다. 그런데 업무상의 문서에서는 문서의 가독성을 높이고 간결한 진술을 위해 개조식을 사용한다. 이는 서술식의 대비되는 방식으로 문서작성시 문장 앞에 번호를 붙여 가며 중요한 요점이나 핵심적인 단어를 짧게 나열하는 방식이다. 이때 아라비아 숫자, 로마자, 기호 등을 사용하고 조사와 종결어미를 최대한 생략한 키워드 중심의 문장으로 표현한다. 서술식 문장으로 작성된 문서에 비해 개조식 문서는 개요, 현황, 문제점, 개선방안 등의 문서 구성과 내용의 구조화로 내용을 정확하고 효율적으로 파악할 수 있다는 이점이 있다. 이러한 이유로 조직구성원들은 상급자에게 보고시에 개조식으로 문장을 작성한다. 개조식 문장으로 문서를 작성시에는 주체, 시제, 논리적 연관관계 등을 유의하여야 한다.

또한 문장의 진술 방식에서 고려해야 하는 것은 단락(paragraph)을 적절히 활용하여 문서의 가독성을 높인다. 단락이란, 하나 이상의 문장이 모여 통일된 하나의 생각을 나타내는 글의 단위이다. 하나의 단락은 소주제문과 뒷받침 문장들로 이루어져 있는데, 단락의 중심 내용을 문장으로 진술한 것을 소주제문, 소주제문을 유기적으로 연관되어 그것의 효과적인 전달을 위해 쓰인 보조 문장들을 뒷받침 문장이라고 한다. 일반적으로 소주제문은 추상적이고 단정적인 진술로, 뒷받침 문장은 구체적인 진술로 되어 있다. 하나의 단락에는 하나의 소주제로 구성하고 통일성·완결성·일관성이 있어야 한다. 단락은 글의 구조에서 가장 중요하기 때문에 단락을 형식적으로 구분할 수 있다. 한 단락의 길이는 4~7문장 내외로 구성하는 것이 적당하다.

다. 제목과 개요

문서의 제목은 구체적인 내용과 목적 및 취지가 압축되어 나타나야 하고 한 문장으로 된 주제 문장을 간결하게 명사형으로 마치는 형태가 일반적이다. 제목은 문서를 읽는 독자 또는 의사결정권자의 흥미를 유도할 수 있다. 보고서에서 다루는 주제나 소재 아래에 '~방안, ~계획' 등으로 제목으로 하는 경우에는 지나치게 넓은 범위여서 구체성이 떨어질 수 있으며 보고서의 시점이 검토, 시행, 완료 구분이 되지 않을 수 있다. 업무상의 문서에서 제목을 설정하는 방법은 다음과 같다.

① 문서의 기대효과나 목적을 강조한다.
② 광범위하게 펼치지 말고 최대한 구체화하여 범위를 좁힌다.
③ 구체적 내용을 표현한다.
④ 핵심 키워드를 활용한다.
⑤ 문서 수신자의 관점에서 쉽고 직관적으로 작성한다.
⑥ 제목 끝에 '(안)'을 붙이는 것은 사업의 실행여부가 결정되지 않은 경우에 붙인다. 실행을 결정하고 검토작업을 계속하는 과정에서의 문서는 '(안)'을 붙이지 않는다.

개요는 글 전체에서 간결하게 추려낸 내용으로 영어로는 outline, executive summary, abstract 등으로 표현한다. 개요는 글쓰기의 주제와 그것을 뒷받침하는 정보나 사례가 포함되면 앞으로 전개되는 단락의 핵심내용을 담고 있어 보고의 대상이 되는 결재권자 또는 의사결정권자에게 전하거나 설득하고 싶은 내용이다. 개요는 해결방안을 주축으로 삼아 현황, 문제점의 핵심 내용을 압축할 뿐만 아니라, 사업의 주체, 대상, 목적, 방법이나 육하원칙에 해당한다. 개요는 개요만으로도 본래의 주요한 내용을 파악할 수 있어야 한다. 개요 작성의 원칙은 다음과 같다.

① 결론과 핵심 메시지가 포함되어 개요만으로도 핵심 내용을 파악할 수 있어야한다.
② 제목과 다른 내용으로 작성한다. 예를 들어 제목에서 해결방안을 강조했다면 개요에서 현황이나 기대효과를 부각시켜 내용의 중복을 방지하고 최대한 많은 정보를 담을 수 있도록 내용을 안배한다.
③ 개요는 길어도 5줄을 넘기지 않는 것이 좋다. 구체적인 통계나 참고문헌을 포함하지 않고 직관적이고 압축적으로 표현한다.
④ 중간부분(주요 내용이나 현황과 문제점, 해결방안)을 되풀이하지 않는다.
⑤ 반드시 문서 내에 개요를 포함한다.

라. 문장 논리 관계

나열된 문장과 문장 사이에는 다양한 논리적 관계가 성립되며 유형화하면 상세화, 대조·대립, 대등·병렬, 원인·결과, 전제·주지, 요약 등으로 구분할 수 있다.

① 주지의 상세화 : 요약적이고 일반적인 추상적 진술 내용에 관해 구체적 사례를 들거나 상세하게 풀어 쓴다.
② 대조·대립 : 둘 이상의 사물의 내용을 서로 맞대어 검토하거나 의견이나 처지, 또는 속성 등이 서로 맞서거나 반대되는 방식으로 각 문장이 서로 대립을 이룬다.
③ 대등·병렬 : 각 문장이 서로 대등한 자격으로 나열되는 경우에, 각각의 문장들 속에서 공통된 속성을 찾아 전체를 포괄하는 새로운 주제문을 만들 수 있다.
④ 원인·결과 : 각 문장의 원인과 결과, 근거(이유)와 주장의 관계를 진술한다.
⑤ 전제·주지 : 앞 문장의 내용을 전제로 하여 뒤 문장에서 결론을 내리거나 중심 생각을 드러낸다.
⑥ 요약 : 뒤 문장에서 앞 문장의 내용을 요약하고 정리하기도 한다.

마. 문장 작성원칙

① 긴 문장은 적당히 끊는다.
  - 두 개 이상의 다른 내용을 한 문장으로 하지 않는다.
  - 접속어, 지시어를 적절히 사용한다.
    • 순접 : 앞뒤 문장이 논리적 모순 없이 연결 ex) 그리고, 그래서 등

- 역접 : 앞뒤 문장이 반대 내용으로 연결 ex) 그러나, 하지만, 그렇지만 등
- 전환 : 뒤 문장이 앞 문장과는 다른 내용으로 연결 ex) 그런데, 한편 등
- 병렬 : 앞뒤 문장이 대등한 관계로 연결 ex) 곧, 즉, 혹은 등
- 첨가 : 뒤 문장이 앞 문장에 덧붙여 연결 ex) 더구나, 뿐만 아니라 등
- 인과 : 앞뒤 문장이 원인(이유)과 결과로 연결 ex) 그러므로, 따라서 등

② 주어와 술어의 관계를 분명히 한다.
- 술어를 빠뜨리지 않는다.
- 주어와 술어는 가능한 한 근접시킨다.
- 주어와 술어는 의미와 형태상 올바르게 대응시킨다.
- 문장 도중에는 가능한 한 주어를 두지 않는다.

③ 무엇인가를 병렬시킬 때는 분명히 한다.
- 병렬은 두 개의 문장이 대등한 관계로 접속하여 이루어진 것으로 관계를 누락하여서는 안 된다. ex) 겨울이 가고, 봄이 온다.

④ 수식어를 정확히 사용한다.
- 수식어를 받는 구절을 빠뜨리지 않는다.
- 현혹되거나 혼동되기 쉬운 수식은 되도록 피한다.
- 수식어와 수식을 받는 구절은 가능한 한 근접시킨다.
- 장황한 수식어는 사용하지 않는다.

⑤ 이해하기 쉬운 용어를 쓴다.
- 한자어, 외국어를 지나치게 사용하지 않는다.
- 전문용어(jargon), 학술용어는 가능한 한 피한다.

⑥ 결론을 먼저 제시한다.
- 사무용 문서에서는 용건의 중요도에 따라서 문서의 목적을 먼저 제시한 후 보조적 사항을 설명하는 것이 원칙이다.
- 결론을 먼저 제시한 이유는 마음에 두고 실행에 옮겨 달라는 것이다.
- 처음부터 장황하게 늘어놓다가 최후에는 핵심에 접근 못 하고 흐지부지되는

경우가 보통이다.

⑦ 예고형 부사를 활용한다.

문장의 결론을 먼저 제시하고 예고형 부사, 즉 아마도, 오히려, 도리어, 반드시, 만약, 아무튼 등을 활용하면 어느 정도 문제는 해결될 것이다.

⑧ 중의적이거나 애매모호한 표현을 하지 않는다.

어법에 따라서는 의미가 여러 가지인 경우도 있으므로 간단명료한 용어를 사용하는 것이 좋다.

3. 문서편집의 기초 : 들여쓰기와 탭

가. 들여쓰기

문서나 프로그램을 작성할 때 문단의 시작 부분을 들여 쓰는 것으로 왼쪽을 나란하게 똑같이 쓰면 문단의 시작 부분을 알 수 없어 가독성이 떨어지므로 의미를 명확하게 표현하기 위해서 왼쪽 또는 오른쪽에서 일정한 간격을 두어 들여쓰는 것을 의미한다. 들여쓰기 방법으로는 '첫 줄 들여쓰기, 내어쓰기, 왼쪽 들여쓰기, 오른쪽 들여쓰기'로 구분할 수 있다. 일반적으로 문서작성 소프트웨어(아래 흔글, Ms-Word 등)는 들여쓰기가 기본 기능으로 설정되어 사용할 수 있다.

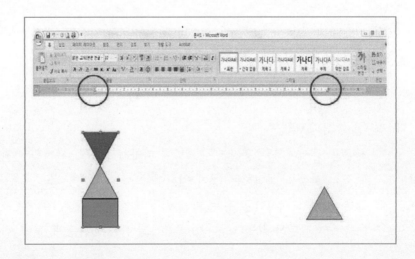

들여쓰기

1. 첫 줄 들여쓰기(2cm)

비서란 관리자나 경영자가 그들 본연의 업무에 전념할 수 있도록 보좌하는 사람으로서 숙달된 사무기술을 보유하고, 직접적인 감독 없이도 책임을 맡는 능력을 발휘하며, 창의력과 판단력으로 주어진 범위 내에서 의사결정을 내리는 행정 보좌관을 말한다.

2. 내어쓰기(2cm)

비서란 관리자나 경영자가 그들 본연의 업무에 전념할 수 있도록 보좌하는 사람으로서 숙달된 사무기술을 보유하고, 직접적인 감독 없이도 책임을 맡는 능력을 발휘하며, 창의력과 판단력으로 주어신 범위 내에서 의사결성을 내리는 행정 보좌관을 말한다.

2-1. 내어쓰기(2cm) : 비서란 관리자나 경영자가 그들 본연의 업무에 전념할 수 있도록 보좌하는 사람으로서 숙달된 사무기술을 보유하고, 직접적인 감독 없이도 책임을 맡는 능력을 발휘하며, 창의력과 판단력으로 주어진 범위 내에서 의사결정을 내리는 행정 보좌관을 말한다.

3. 왼쪽 들여쓰기(2cm)

비서란 관리자나 경영자가 그들 본연의 업무에 전념할 수 있도록 보좌하는 사람으로서 숙달된 사무기술을 보유하고, 직접적인 감독 없이도 책임을 맡는 능력을 발휘하며, 창의력과 판단력으로 주어진 범위 내에서 의사결정을 내리는 행정 보좌관을 말한다.

4. 오른쪽 들여쓰기(2cm)

비서란 관리자나 경영자가 그들 본연의 업무에 전념할 수 있도록 보좌하는 사람으로서 숙달된 사무기술을 보유하고, 직접적인 감독 없이도 책임을 맡는 능력을 발휘하며, 창의력과 판단력으로 주어진 범위 내에서 의사결정을 내리는 행정 보좌관을 말한다.

5. 왼쪽 들여쓰가+오른쪽 들여쓰기(2cm)

비서란 관리자나 경영자가 그들 본연의 업무에 전념할 수 있도록 보좌하는 사람으로서 숙달된 사무기술을 보유하고, 직접적인 감독 없이도 책임을 맡는 능력을 발휘하며, 창의력과 판단력으로 주어진 범위 내에서 의사결정을 내리는 행정 보좌관을 말한다.

나. 탭(Tab)

키보드에 있는 왼쪽 방향을 가리키는 화살표와 오른쪽 방향을 가리키는 화살표 또는 Tab이라고 표시되어 있는 키를 사용하면 탭기능을 사용할 수 있다. 문서작성 소프트웨어(아래 흔글, Ms-Word 등)에서의 탭기능은 문서 편집에서 사용자가 지정한 방향에 따라 일정 공간을 이동하기 위하여 사용된다. 탭의 종류는 소프트웨어에 따라 차이는 있지만, 일반적으로 기본탭, 왼쪽탭, 가운데탭, 오른쪽탭, 소수점탭, 줄탭 등이 있다. 한편, 데이터베이스 및 스프레드시트 프로그램(Ms-Excel 등)에서는 사용자가 레코드 내에서 또는 셀과 셀 사이를 이동할 수 있게 한다.

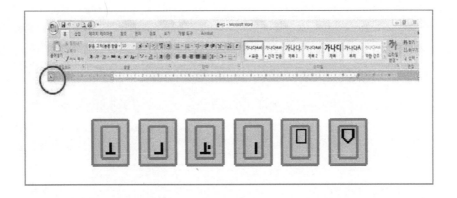

[문서 예제 : 들여쓰기]

탭의 종류

기본탭-왼쪽탭 - 가운데탭 - 오른쪽탭-소수점탭 - 줄탭-첫줄들여쓰기-내어쓰기

• 기본탭 : (1.41cm)
　　　◎◎여자대학 ◎◎과

• 왼쪽탭 : (6cm), 왼쪽 기준
　　　　　　　　　　　◎◎여자대학 ◎◎과(왼쪽탭)

• 가운데탭 : (6cm), 가운데 기준
　　　　　◎◎여자대학 ◎◎과(가운데탭)

• 오른쪽탭 : (6cm), 오른쪽 기준
　　　　◎◎여자대학 ◎◎과(오른쪽탭)

• 소수점탭 : (6cm), 소수점 기준
　　　　　　　　　165.3
　　　　　　　　　 55.15
　　　　　　　　 180.123
　　　　　　　　　 78.2
　　　　　　　　　　 1.5111
　　　　　　　　　　 4.415

• 줄탭
◎◎여자대학 ◎◎과
◎◎여자대학
◎◎과

Chapter 03
슬기로운 글쓰기

1. 맞춤법

    정확한 문서작성을 위해서는 올바른 맞춤법과 띄어쓰기를 준수하여야 한다. 기본적으로 띄어쓰기는 문장의 각 단어는 띄어 씀을 원칙으로 한다. 단어를 단위로 띄어쓰기를 하는 것은 단어가 독립적으로 쓰이는 말의 최소 단위이기 때문이다. '동생 밥 먹는다'에서 '동생', '밥', '먹는다'는 각각이 단어이므로 띄어쓰기의 단위가 되어 '동생 밥 먹는다'로 띄어 쓴다. 그런데 단어 가운데 조사는 독립성이 없어서 다른 단어와는 달리 앞말에 붙여 쓴다. 또한 외래어는 '외래어 표기법'에 따라 적는다. 맞춤법은 소리와 형태에 따라 구분할 수 있다.

가. 소리 맞춤법

    ① 한 단어 안에서 뚜렷한 까닭 없이 나는 된소리는 다음 음절의 첫소리를 된소리로 적는다.

        – 'ㄴ, ㄹ, ㅁ, ㅇ' 받침 뒤에서 나는 된소리

          ex) 산뜻하다 잔뜩 살짝 훨씬 담뿍 움찔 몽땅 엉뚱하다

        ※ 단, 'ㄱ, ㅂ' 받침 뒤에서 나는 된소리는, 같은 음절이나 비슷한 음절이 겹쳐 나는 경우가 아니면 된소리로 적지 않는다.

          ex) 국수 깍두기 딱지 색시 싹둑(~싹둑) 법석 갑자기 몹시

    ② 'ㄷ, ㅌ' 받침 뒤에 종속적 관계를 가진 '-이(-)'나 '-히-'가 올 적에는 그 'ㄷ, ㅌ'이 'ㅈ, ㅊ'으로 소리 나더라도 'ㄷ, ㅌ'으로 적는다.(◎ 옳음, X 그름)

      ex) ◎ 맏이 X 마지   ◎ 해돋이 X 해도지   ◎ 걷히다 X 거치다

          ◎ 같이 X 가치   ◎ 굳이 X 구지   ◎ 닫히다 X 다치다

◎ 묻히다 X 무치다

③ 한자음 '녀, 뇨, 뉴, 니'가 단어 첫머리에 올 적에는, 두음 법칙에 따라 '여, 요, 유, 이'로 적는다.(◎ 옳음, X 그름)

   ex) ◎ 여자(女子) X 녀자   ◎ 유대(紐帶) X 뉴대   ◎ 연세(年歲) X 년세

※ 단, 다음과 같은 의존 명사에서는 '냐, 녀' 음을 인정한다.

      ex) 냥(兩)   냥쭝(兩-)   년(年)(몇 년)

− 단어의 첫머리 이외의 경우에는 본음대로 적는다.

      ex) 남녀(男女)   당뇨(糖尿)   결뉴(結紐)   은닉(隱匿)

− 접두사처럼 쓰이는 한자가 붙어서 된 말이나 합성어에서, 뒷말의 첫소리가 'ㄴ'소리로 나더라도 두음 법칙에 따라 적는다.

      ex) 신여성(新女性)   공염불(空念佛)   남존여비(男尊女卑)

− 둘 이상의 단어로 이루어진 고유 명사를 붙여 쓰는 경우에도 뒷말의 첫소리가 'ㄴ'소리로 나더라도 두음 법칙에 따라 적는다.

      ex) 한국여자대학   대한요소비료회사

④ 한자음 '라, 래, 로, 뢰, 루, 르'가 단어의 첫머리에 올 적에는, 두음 법칙에 따라 '나, 내, 노, 뇌, 누, 느'로 적는다.(◎ 옳음, X 그름)

   ex) ◎ 낙원(樂園) X 락원   ◎ 내일(來日) X 래일   ◎ 노인(老人) X 로인

− 단어의 첫머리 이외의 경우에는 본음대로 적는다.

      ex) 쾌락(快樂)   극락(極樂)   거래(去來)   왕래(往來)   연로(年老)   지뢰(地雷) 낙뢰(落雷)

− 접두사처럼 쓰이는 한자가 붙어서 된 단어는 뒷말을 두음 법칙에 따라 적는다.

      ex) 내내월(來來月)   상노인(上老人)   중노동(重勞動)   비논리적(非論理的)

나. 형태 맞춤법

① 종결형에서 사용되는 어미 '-오'는 '요'로 소리 나는 경우가 있더라도 그 원형을 밝혀 '오'로 적는다.(◎ 옳음, X 그름)

   ex) ◎ 이것은 책이오. X 이것은 책이요.

      ◎ 이리로 오시오. X 이리로 오시요.

      ◎ 이것은 책이 아니오. X 이것은 책이 아니요.

② 연결형에서 사용되는 '이요'는 '이요'로 적는다.(◎ 옳음, X 그름)

　　ex) ◎ 이것은 책이요, 저것은 붓이요 　　 X 이것은 책이오, 저것은 붓이오

③ 끝소리가 'ㄹ'인 말과 딴 말이 어울릴 적에 'ㄹ' 소리가 나지 아니하는 것은 아니 나는 대로 적는다.

　　ex) 다달이(달-달-이)　　따님(딸-님)　　마소(말-소)　　바느질(바늘-질)
　　　　부삽(불-삽)　　싸전(쌀-전)　　여닫이(열-닫이)　　우짖다(울-짖다)
　　　　화살(활-살)

④ 끝소리가 'ㄹ'인 말과 딴 말이 어울릴 적에 'ㄹ' 소리가 'ㄷ' 소리로 나는 것은 'ㄷ'으로 적는다.

　　ex) 반짇고리(바느질~)　　사흗날(사흘~)　　삼짇날(삼질~)　　섣달(설~)
　　　　숟가락(술~)　　이튿날(이틀~)　　섣부르다(설~)　　잗다듬다(잘~)
　　　　잗다랗다(잘~)

⑤ 사이시옷은 다음과 같은 경우에 받치어 적는다.
　－ 순우리말로 된 합성어로서 앞말이 모음으로 끝난 경우
　　• 뒷말의 첫소리가 된소리로 나는 것
　　　ex) 귓밥　나룻배　나뭇가지　냇가　맷돌　머릿기름　모깃불　못자리
　　　　　바닷가　뱃길　부싯돌　선짓국　쇳조각　아랫집　잿더미　조갯살
　　　　　찻집　핏대　햇볕　혓바늘
　　• 뒷말의 첫소리 'ㄴ, ㅁ' 앞에서 'ㄴ' 소리가 덧나는 것
　　　ex) 아랫니　텃마당　아랫마을　뒷머리　잇몸　깻묵　냇물　빗물
　　• 뒷말의 첫소리 모음 앞에서 'ㄴㄴ' 소리가 덧나는 것
　　　ex) 두렛일　뒷일　뒷입맛　베갯잇　욧잇잎　나뭇잎　댓잎
　－ 순우리말과 한자어로 된 합성어로서 앞말이 모음으로 끝난 경우
　　• 뒷말의 첫소리가 된소리로 나는 것
　　　ex) 귓병　머릿방　뱃병　샛강　아랫방　자릿세　전셋집　찻잔　탯줄
　　　　　텃세　핏기　햇수
　　• 뒷말의 첫소리 'ㄴ, ㅁ' 앞에서 'ㄴ' 소리가 덧나는 것
　　　ex) 곗날　제삿날　훗날　툇마루　양칫물

・뒷말의 첫소리 모음 앞에서 'ㄴㄴ' 소리가 덧나는 것

　　ex) 가욋일　사삿일　예삿일　훗일

－ 두 음절로 된 다음 한자어

　　ex) 곳간(庫間)　셋방(貰房)　숫자(數字)　찻간(車間)　툇간(退間)

　　　횟수(回數)

⑥ 두 말이 어울릴 적에 'ㅂ' 소리나 'ㅎ' 소리가 덧나는 것은 소리대로 적는다.

－ 'ㅂ' 소리가 덧나는 것

　　ex) 멥쌀(메ㅂ쌀)　볍씨(벼ㅂ씨)　입때(이ㅂ때)　접때(저ㅂ때)

　　　햅쌀(해ㅂ쌀)

－ 'ㅎ' 소리가 덧나는 것

　　ex) 머리카락(머리ㅎ가락)　살코기(살ㅎ고기)　수캐(수ㅎ개)　수컷(수ㅎ것)

　　　수탉(수ㅎ닭)　안팎(안ㅎ밖)　암캐(암ㅎ개)　암컷(암ㅎ것)

　　　암탉(암ㅎ닭)

⑦ 단어의 끝모음이 줄어지고 자음만 남은 것은 그 앞의 음절에 받침으로 적는다.
(◎ 본말, △ 준말)

　ex) ◎ 기러기야 △ 기럭아　◎ 어제그저께 △ 엊그저께

　　　◎ 어제저녁 △ 엊저녁　◎ 가지고 △ 갖고　◎ 가지지 △ 갖지

⑧ 체언과 조사가 어울려 줄어지는 경우에는 준 대로 적는다.(◎ 본말, △ 준말)

　ex) ◎ 그것은 △ 그건　◎ 그것이 △ 그게　◎ 무엇이 △ 뭣이/무에

　◎ 나는 △ 난　◎ 나를 △ 날　◎ 무엇을 △ 뭣을/무얼/ 뭘

⑨ 모음 'ㅗ, ㅜ'로 끝난 어간에 '-아/-어, -았-/-었-'이 어울려 'ㅘ/ㅝ, /'으로 될 적
에는 준 대로 적는다.(◎ 본말, △ 준말)

　ex) ◎ 꼬아 △ 꽈　◎ 보아 △ 봐　◎ 보았다 △ 봤다　◎ 쏘아 △ 쏴

　　　◎ 두었다 △ 뒀다　◎ 쑤어 △ 쒀　◎ 주어 △ 줘　◎ 주었다 △ 줬다

－ 'ㅚ' 뒤에 '-어, -었-'이 어울려 'ㅙ, '으로 될 적에도 준 대로 적는다.(◎ 본말,
△ 준말)

　　ex) ◎ 괴어 △ 괘　◎ 되었다 △ 됐다　◎ 뵈어 △ 봬　◎ 쐬었다 △ 쐤다

⑩ ‘ㅣ’ 뒤에 ‘-어’가 와서 ‘ㅕ’로 줄 적에는 준 대로 적는다.(◎ 본말, △ 준말)
　　ex) ◎ 가지어 △ 가져　◎ 견디었다 △ 견뎠다　◎ 버티어 △ 버텨
　　　　◎ 치이었다 △ 치였다

⑪ ‘ㅏ, ㅕ, ㅗ, ㅜ, ㅡ’로 끝난 어간에 ‘-이-’가 와서 각각 ‘ㅐ, ㅖ, ㅚ, ㅟ, ㅢ’로 줄
　　적에는 준 대로 적는다.(◎ 본말, △ 준말)
　　ex) ◎ 누이다 △ 뉘다　◎ 보이다 △ 뵈다　◎ 쓰이다 △ 씌다

⑫ ‘ㅏ, ㅗ, ㅜ, ㅡ’ 뒤에 ‘-이어’가 어울려 줄어질 적에는 준 대로 적는다.(◎ 본말,
　　△ 준말)
　　ex) ◎ 뜨이어 △ 띄어　◎ 보이어 △ 뵈어 △ 보여
　　◎ 쓰이어 △ 씌어 △ 쓰여

⑬ 어미 ‘-지’ 뒤에 ‘않-’이 어울려 ‘-잖-’이 될 적과 ‘-하지’ 뒤에 ‘않-’이 어울려 ‘-
　　찮-’이 될 적에는 준 대로 적는다.(◎ 본말, △ 준말)
　　ex) ◎ 그렇지 않은 △ 그렇잖은　◎ 만만하지 않다 △ 만만찮다
　　　　◎ 적지 않은 △ 적잖은　◎ 변변하지 않다 △ 변변찮다

⑭ 어간의 끝음절 ‘하’의 ‘ㅏ’가 줄고 ‘ㅎ’이 다음 음절의 첫소리와 어울려 거센소
　　리로 될 적에 는 거센소리로 적는다.(◎ 본말, △ 준말)
　　ex) ◎ 간편하게 △ 간편케　◎ 다정하다 △ 다정타
　　　　◎ 연구하도록 △ 연구토록　◎ 흔하다 △ 흔타

⑮ 다음과 같은 부사는 소리대로 적는다.
　　ex) 결단코 결코 기필코 무심코 아무튼 요컨대 정녕코 필연코 하마터면 하여튼
　　　　한사코

다. 띄어쓰기
① 조사는 그 앞말에 붙여 쓴다.
　　ex) 꽃이　꽃처럼　어디까지나　거기도　멀리는　웃고만

② 의존 명사는 띄어 쓴다.

    ex) 아는 것이 힘이다.   먹을 만큼 먹어라.

        이를 만났다.   네가 뜻한 바를 알겠다.

③ 단위를 나타내는 명사는 띄어 쓴다.

    ex) 한 개   차 한 대   소 한 마리   옷 한 벌   연필 한 자루   조기 한 손

    ※ 단, 순서를 나타내는 경우나 숫자와 어울리어 쓰이는 경우에는 붙여 쓸 수
       있다.

     ex) 두시   삼학년   1446년 10월 9일   16동 502호   제1실습실   10개

④ 수를 적을 적에는 '만(萬)' 단위로 띄어 쓴다.

    ex) 십이억 삼천사백오십육만 칠천팔백구십팔   12억 3456만 7898

⑤ 두 말을 이어 주거나 열거할 적에 쓰이는 다음의 말들은 띄어 쓴다.

    ex) 국장 겸 과장   열 내지 스물   이사장 및 이사들   사과, 배, 귤 등등

        남자 대 여자   수박 또는 참외   부산, 광주 등지   배추, 상추, 무 따위

⑥ 단음절로 된 단어가 연이어 나타날 적에는 붙여 쓸 수 있다.

    ex) 좀더 큰것   이말 저말   한잎 두잎   내것 네것   물 한병

⑦ 보조 용언은 띄어 씀을 원칙으로 하되, 경우에 따라 붙여 씀도 허용한다.(◎ 원
   칙, △ 허용)

    ex) ◎ 불이 꺼져 간다. △ 불이 꺼져간다.

       ◎ 비가 올 듯하다. △ 비가 올듯하다.

       ◎ 일이 될 법하다. △ 일이 될법하다.

       ◎ 잘 아는 척한다. △ 잘 아는척한다.

    ※ 단, 앞말에 조사가 붙거나 앞말이 합성 용언인 경우, 그리고 중간에 조사가
      들어갈 적에는 그 뒤에 오는 보조 용언은 띄어 쓴다.

     ex) 이런 기회는 다시없을 듯하다.

       잘난 체를 한다.

⑧ 성과 이름, 성과 호 등은 붙여 쓰고, 이에 덧붙는 호칭어, 관직명 등은 띄어 쓴다.

　　ex) 서화담(徐花潭)　　채영신 씨　　최치원 선생　　박동식 박사

　　※ 단, 성과 이름, 성과 호를 분명히 구분할 필요가 있을 경우에는 띄어 쓸 수 있다.

　　　　ex) 남궁억/남궁 억　　독고준/독고 준　　황보지봉(皇甫芝峰)/황보 지봉

⑨ 성명 이외의 고유 명사는 단어별로 띄어 씀을 원칙으로 하되, 단위별로 띄어 쓸 수 있다.(◎ 원칙, △ 허용)

　　ex) ◎ 대한 중학교 △ 대한중학교

　　　　◎ 한국 대학교 사범 대학 △ 한국대학교 사범대학

⑩ 전문 용어는 단어별로 띄어 씀을 원칙으로 하되, 붙여 쓸 수 있다.(◎ 원칙, △ 허용)

　　ex) ◎ 만성 골수성 백혈병 △ 만성골수성백혈병　　◎ 무역 수지 △ 무역수지

　　　　◎ 중거리 탄도 유도탄 △ 중거리탄도유도탄　　◎ 상대성 이론 △ 상대성이론

　　　　◎ 무한 책임 사원 △ 무한책임사원　　◎ 해양성 기후 △ 해양성기후

라. 기타

① 부사의 끝음절이 분명히 '이'로만 나는 것은 '-이'로 적고, '히'로만 나거나 '이'나 '히'로 나는 것은 '-히'로 적는다.

　　－ '이'로만 나는 것

　　　　ex) 깨끗이　느긋이　버젓이　번거로이　헛되이　번번이　틈틈이

　　－ '히'로만 나는 것

　　　　ex) 극히　급히　딱히　속히　족히　엄격히　정확히

　　－ '이, 히'로 나는 것

　　　　ex) 솔직히　가만히　간편히　각별히　소홀히　과감히　꼼꼼히

　　　　　　심히　열심히　공평히　능히　당당히　조용히　간소히

② 한자어에서 본음으로도 나고 속음으로도 나는 것은 각각 그 소리에 따라 적는다.(◎ 본음, △ 속음)

　　ex) ◎ 승낙(承諾) △ 수락(受諾) △ 쾌락(快諾) △ 허락(許諾)

　　　　◎ 안녕(安寧) △ 의령(宜寧) △ 회령(會寧)

◎ 분노(忿怒) △ 대로(大怒) △ 희로애락(喜怒哀樂)

◎ 오륙십(五六十) △ 오뉴월, 유월(六月)

③ 다음과 같은 어미는 예사소리로 적는다.(◎ 옳음, X 그름)

ex) ◎ (으)ㄹ거나 X -(으)ㄹ꺼나   ◎ (으)ㄹ걸 X -(으)ㄹ껄

◎ (으)ㄹ수록 X -(으)ㄹ쑤록   ◎ (으)ㄹ진대 X -(으)ㄹ찐대

④ 다음과 같은 접미사는 된소리로 적는다.(◎ 옳음, X 그름)

ex) ◎ 심부름꾼 X 심부름군   ◎ 익살꾼 X 익살군   ◎ 빛깔 X 빛갈

◎ 이마빼기 X 이맛배기   ◎ 뒤꿈치 X 뒷굼치   ◎ 성깔 X 성갈

◎ 겸연쩍다 X 겸연적다   ◎ 코빼기 X 콧배기   ◎ 일꾼 X 일군

⑤ 두 가지로 구별하여 적던 다음 말들은 한 가지로 적는다.(◎ 옳음, X 그름)

ex) ◎ 맞추다(입을 맞춘다. 양복을 맞춘다.) X 마추다

◎ 뻗치다(다리를 뻗친다. 멀리 뻗친다.) X 뻐치다

⑥ '-더라, -던'과 '-든지'는 다음과 같이 적는다.

- 지난 일을 나타내는 어미는 '-더라, -던'으로 적는다.(◎ 옳음, X 그름)

ex) ◎ 지난겨울은 몹시 춥더라. X 지난겨울은 몹시 춥드라.

◎ 깊던 물이 얕아졌다. X 깊든 물이 얕아졌다.

◎ 그렇게 좋던가? X 그렇게 좋든가?

◎ 그 사람 말 잘하던데! X 그 사람 말 잘하든데!

◎ 얼마나 놀랐던지 몰라. X 얼마나 놀랐든지 몰라.

- 물건이나 일의 내용을 가리지 아니하는 뜻을 나타내는 조사와 어미는 '(-)든
지'로 적는다.(◎ 옳음, X을 버림)

ex) ◎ 배든지 사과든지 마음대로 먹어라. X 배던지 사과던지 마음대로 먹어라.

◎ 가든지 오든지 마음대로 해라. X 가던지 오던지 마음대로 해라.

⑦ 혼동이 되는 말을 구별해서 쓰도록 한 조항이며, 실제 생활에서 잘못 쓰는 일이
많으므로 주의할 필요가 있어 다음 말들은 각각 구별하여 적는다.

- 가름 : 둘로 가름 vs. 갈음

ex) 잣나무와 소나무는 자세히 보지 않으면 가름이 되지 않는다.

새 책상으로 갈음하였다.

가족 모임으로 돌잔치를 갈음한다.

- 거름 : 풀을 썩힌 거름 vs. 걸음 : 빠른 걸음.

ex) 농부들은 배추밭에 거름을 주었다.

걸음을 재촉했다.

- 거치다 : 무엇에 걸리거나 막히다 vs. 걷히다 : '걷다'의 피동사

ex) 더 이상 마음에 거칠 것이 없다.

외상값이 잘 걷힌다.

- 걷잡다 : 걷잡을 수 없는 상태 vs. 겉잡다 : 겉잡아서 이틀 걸릴 일

ex) 강한 바람으로 산불이 걷잡을 수 없이 악화되고 있다.

오늘 경기장에는 겉잡아서 천 명이 넘게 온 듯하다.

- 마치다 : 일·과정, 절차가 끝나다 vs. 맞히다 : 침이나 매 따위를 맞게 하다

ex) 하루 일과를 마치고 집으로 돌아간다.   문제의 정답을 맞혔다.

- 바치다 : 신이나 웃어른께 드리다

- 받치다 : 물건의 밑이나 옆 따위에 다른 물체를 대다', '어떤 일을 잘할 수 있도록 뒷받침해 주다

- 받히다 : '받다(머리나 뿔 따위로 세차게 부딪치다)'의 피동사이며

- 밭치다 : 밭다(건더기와 액체가 섞인 것을 체 따위에 따라서 액체만을 따로 받아 내다)를 강조

ex) 그 과학자는 평생을 신약 개발에 몸을 바쳤다.

쟁반에 찻잔을 받쳐 가져왔다.

소에게 받히었다.

삶은 국수를 찬물에 헹군 후 체에 밭쳐 놓았다.

- 반드시 : 틀림없이 꼭 vs. 반듯이 : 어지거나 기울거나 굽지 않고 바르게

ex) 겨울이 지나면 반드시 봄이 온다.

우리는 반듯이 몸을 누이고 잠을 청했다.

- 아름 : 두 팔을 둥글게 모아서 만든 둘레 vs. 알음 : 사람끼리 서로 아는 일 vs. 앎: 아는 일

ex) 둘레가 두 아름이나 되는 나무

우리는 서로 알음이 있는 사이다.

앎은 삶의 힘이다.

- '-(으)러' : 가거나 오거나 하는 동작의 목적 vs. '-(으)려(고)' : 어떤 행동을 할 의도나 욕망을 가지고 있음

   ex) 책을 사러 서점에 간다.

       친구를 만나려(고) 한다.

- (으)로서 : 지위나 신분, 자격 vs. (으)로써 : 재료, 수단, 도구

   ex) 나는 주민 대표로서 회의에 참석하였다.

       말로써 천 냥 빚을 갚는다고 한다.

2. 문장부호

문장부호는 문장의 뜻을 정확히 전달하고, 문장을 읽고 이해하기 쉽도록 쓰는 부호이다. 문장부호는 글에서 문장의 구조를 잘 드러내거나 글쓴이의 의도를 쉽게 전달하기 위하여 쓰는 여러 가지 기호이므로, 문장부호를 잘 이해하고 사용하면 문서의 가독성을 높일 수 있다.

가. 마침표(온점) : (.)

- 서술, 명령, 청유 등을 나타내는 문장의 끝에 쓴다. 단, 제목이나 표어에는 쓰지 않음을 원칙으로 한다.

   ex) 가는 말이 고와야 오는 말이 곱다.

- 연월일을 표시하거나 특정한 의미가 있는 날을 나타낼 때 쓴다.

   ex) 1945. 8. 15.

나. 물음표 : (?)

의문문이나 물음을 나타내는 어구의 끝에 쓴다. 단, 제목이나 표어에는 쓰지 않음을 원칙으로 한다.

ex) 이번에 가시면 언제 돌아오세요?

다. 느낌표 : (!)

- 감탄문이나 강한 느낌을 나타내는 어구의 끝에 쓴다.

  ex) 꽃이 정말 아름답구나!

- 특별히 강한 느낌을 나타내는 어구, 평서문, 명령문, 청유문에 쓴다.

  ex) 청춘! 이는 듣기만 하여도 가슴이 설레는 말이다.

라. 쉼표 : (,)

- 어구를 나열하거나 문장의 연결 관계를 나타낼 때 쓴다.

  ex) 5보다 작은 자연수는 1, 2, 3, 4이다. 광역시 : 광주, 대구, 대전……

  콩 심은 데 콩 나고, 팥 심은 데 팥 난다.

- 문장에서 끊어 읽을 부분임을 나타낼 때 쓴다.

  ex) 이 전투는 바로 우리가, 우리만이, 승리로 이끌 수 있다.

- 도치문에서 도치된 어구들 사이에 쓴다.

  ex) 반드시 완수하겠습니다, 제게 주어진 임무를.

마. 가운뎃점 : (·)

- 둘 이상의 어구를 하나로 묶어서 나타낼 때 쓴다.

  ex) 지금의 경상남도 · 경상북도, 전라남도 · 전라북도, 충청남도 · 충청북도 지역
  을 예부터 삼남이라 일러 왔다.

- 짝을 이루는 어구들 사이에 쓴다.

  ex) 빨강 · 초록 · 파랑이 빛의 삼원색이다.

- 공통 성분을 줄여서 하나의 어구로 묶을 때 쓴다.

  ex) 금 · 은 · 동메달

바. 쌍점 : (:)

- 표제나 주제에 대하여 구체적인 사례나 설명을 붙일 때 쓴다.

  ex) 일시 : 2014년 10월 9일 10시

  문방사우 : 종이, 붓, 먹, 벼루

- 시와 분, 장과 절 등을 구별할 때 쓴다.

  ex) 오전 10:20(오전 10시 20분)

  「국어기본법」 14:1(제14조 제1항)

사. 빗금 : (/)

- 대비되는 둘 이상의 어구를 묶어서 나타낼 때 쓴다.

  ex) 남반구/북반구

- 기준 단위당 수량을 표시할 때 해당 수량과 기준 단위 사이에 쓴다.

  ex) 1,000원/개, 4,000원/명

아. 따옴표

① 큰따옴표 : (" ")

대화를 표시하거나 직접 인용한 문장임을 나타낼 때 쓴다.

ex) 밤하늘에 반짝이는 별들을 보면서 "나는 아무 걱정도 없이 가을 속의 별들을 다 헬 듯합니다."라는 시구를 떠올렸다.

② 작은따옴표 : (' ')

- 인용문 속의 인용문이거나 마음속으로 한 말임을 나타낼 때 쓴다.

  ex) 그는 "여러분! '시작이 반이다.'라는 말 들어 보셨죠?"라고 말하며 강연을 시작했다.

  나는 '일이 다 틀렸나 보군.' 하고 생각하였다.

- 문장 내용 중에서 특정한 부분을 특별히 드러내 보일 때 쓴다.

  ex) 한글의 본디 이름은 '훈민정음'이다.

자. 괄호

① 소괄호 : (( ))

- 주석이나 보충적인 내용을 덧붙일 때 쓴다.

ex) 문인화의 대표적인 소재인 사군자(매화, 난초, 국화, 대나무)는 고결한 선비 정신을 상징한다.

- 우리말 표기와 원어 표기를 아울러 보일 때 쓴다.

ex) 기호(嗜好), 커피(coffee)

- 항목의 순서나 종류를 나타낼 때 쓴다.

ex) 입사 지원에 필요한 서류는 (가) 이력서, (나) 자기 소개서, (다) 경력 증명서입니다.

② 중괄호 : ({ })

- 같은 범주에 속하는 여러 요소들을 묶어서 보일 때 쓴다.

ex) 연극의 3요소 $\left\{ \begin{matrix} 무대 \\ 배우 \\ 관객 \end{matrix} \right\}$

- 열거된 항목 중 어느 하나가 자유롭게 선택될 수 있음을 보일 때 쓴다.

ex) 우등생인 민수{도, 까지, 조차, 마저} 불합격이라니 놀랍지 않을 수 없다.

③ 대괄호 : ([ ])

- 괄호 안에 또 괄호를 쓸 필요가 있을 때 바깥쪽의 괄호로 쓴다.

ex) 이번 회의에는 두 명[홍길동(실장), 강감찬(과장)]만 빼고 모두 참석했습니다.

- 원문에 대한 설명이나 논평 등을 덧붙일 때 쓴다.

ex) 그런 일은 결코 있을 수 없다.[원문에는 '업다'임.]

④ 겹낫표(『 』)와 겹화살괄호(≪ ≫)

책의 제목이나 신문 이름 등을 나타낼 때 씌되, 겹낫표나 겹화살괄호 대신 큰따옴표를 쓸 수 있다.

ex) 우리나라 최초의 민간 신문은 1896년에 창간된 『독립신문』이다.
≪한성순보≫는 우리나라 최초의 근대 신문이다.

⑤ 홑낫표(「 」)와 홑화살괄호(〈 〉)

소제목, 예술 작품의 제목, 상호, 법률 등을 나타낼 때 쓰되, 홑낫표나 홑화살괄호 대신 작은따옴표를 쓸 수 있다.

ex) 「국어 기본법 시행령」은 「국어 기본법」에서 위임된 사항과 그 시행에 필요한 사항을 규정함을 목적으로 한다.
이 곡은 베르디가 작곡한 「축배의 노래」이다.

차. 연결 부호

① 붙임표 : (-)

- 차례대로 이어지거나 밀접한 관련이 있는 어구를 묶어서 나타낼 때 쓴다.

ex) 우리말 어순은 주어-목적어-서술어가 기본이고 영어 어순은 주어-서술어-목적어가 기본이다.

　－ 두 개 이상의 어구가 밀접한 관련이 있음을 나타내고자 할 때 쓴다.

　　ex) 원-달러 환율, 남한-북한-미국 삼자 관계

② 물결표 : (～)

기간이나 거리 또는 범위를 나타낼 때 쓰되, 물결표 대신 붙임표를 쓸 수 있다.

ex) 9월 15일~9월 25일

　이번 시험의 범위는 3~78쪽입니다.

아. 줄임표(……)

할 말을 줄이거나 문장이나 글의 일부를 생략할 때 쓴다. 줄임표는 앞말에 붙여 쓰되, 점의 위치는 가운데에 찍는 대신 아래쪽에 찍을 수도 있으며, 여섯 점을 찍는 대신 세 점을 찍을 수도 있다.

ex) 그는 최선을 다했다. 그러나 성공할지는…….

　육십갑자: 갑자, 을축, 병인, 정묘, 무진, 기사, 경오, 신미 …… 신유, 임술, 계해

2012년 국립국어원은 실제 언어생활에서 자주 쓰이는 문장 부호에 대한 규정을 추가하여 다음과 같이 개정하였다.

문장 부호 개정사항 (2012)			
.(온점) ,(반점)	.(마침표) ,(쉼표)	12월 23일~25일	12월 23일-25일 (붙임표)
말줄임표 …… (가운데점 6개)	…… (마침표 6개) … (가운데점 3개) ... (마침표 3개)	2018년 12월 25일	2018. 12. 25. (마침표)
3 · 1 운동	3.1운동 (마침표)	애를 씀.	애를 씀 (마침표 생략)
금 · 은 · 동메달	금·은·동메달 (마침표)	「 」『 』(낫표) 〈 〉《 》(화살괄호)	' ', " " (따옴표)

가. 우리말다운 표현

① 과도한 명사화 구성을 피한다. 과도한 명사화 구성은 문장 의미 파악을 어렵게 하므로 조사나 어미를 써서 의미를 명확히 표현한다.

ex) 적극 뒷받침하기 위해 → 적극적으로 뒷받침하기 위해

② 번역 투 표현을 지양한다. '~에 대해서'는 번역 투 표현이므로 피한다.

ex) 선정된 점포에 대해서는 → 선정된 점포에는

나. 쉽고 친숙한 표현 사용

① 외국 문자를 표기해야 할 경우 괄호 안에 병기한다.(국어기본법)

ex) MOU → 업무협정(MOU) / IT → 정보기술(IT)

② 외래어나 외국어 대신 이해하기 쉬운 우리말을 쓴다.

ex) 힐링 → 치유 / 인프라 → 기반 시설 / 매뉴얼 → 지침

③ 준말(줄임말)을 사용할 때에는 원래의 온전한 용어를 기재한 뒤 괄호 안에 '이하 지자체' 형태로 준말을 기재해 사용한다.

ex) 지자체 → 지방자치단체(이하 지자체)

④ '천 원' 단위는 일반인이 이해하기 어려우므로 일반적인 숫자 표현(만 단위)으로 쓴다.

ex) 21,345천원 → 2,134만 5천원

⑤ 어려운 한자어 대신 이해하기 쉬운 표현을 사용한다.

ex) 제고하기 → 높이기 / 내수진작과 → 국내 수요를 높이고

다. 공공성 있는 표현

① 품격 있는 표현을 사용한다. 신조어 사용을 지양하며 표준어를 사용한다.

ex) R&D → 연구 개발 / 모니터링 → 점검, 실태 조사 등

② 고압적·권위적인 표현을 사용하지 않는다. 시혜적인 표현을 사용하지 않는다.
　ex) 장관은 ~라며 치하했다. → 장관은 ~라고 말했다.
　　　작성할 것 → 작성해 주십시오. 제출바람 → 제출해 주십시오.

③ 차별적 표현을 사용하지 않는다. 성별, 지역, 인종, 장애에 대한 차별적 표현을
　사용하지 않는다.
　ex) 소외계층, 결손가정 등

라. 용어의 순화

① 국어기본법 위반 지양

　- 어렵거나 낯선 전문어나 신조어 사용(괄호 안에 한자나 외국 글자 표기)

개선이 필요한 표현	개선된 표현	개선이 필요한 표현	개선된 표현
AI	인공 지능(AI)	R&D	연구 개발(R&D)
B2B	기업 간 거래(B2B)	P2P	개인 간(P2P)
ICT	정보 통신 기술(ICT)	IoT	사물 인터넷(IoT)

② 불필요한 외국어 지양

개선이 필요한 표현	개선된 표현	개선이 필요한 표현	개선된 표현
As-is	개선 전	To-be	개선 후
Bottom-up식	상향식	Top-down식	하향식
가이드라인	지침, 방침	가이드북	안내서, 지침서, 길잡이
글로벌 경쟁력	국제 경쟁력, 세계 경쟁력	글로벌 스탠더드	국제 표준
네트워크	연결망, 연계망, 관계망	니즈	요구, 필요, 바람
라운드테이블 회의	원탁회의	벤치마킹하다	본을 따르다 견주다
로드맵	(단계별) 이행안, 계획	레시피	조리법
로드 쇼	투자 설명회	로컬 푸드	지역 음식, 향토 음식
론칭	개시	리스크	위험, 손실

개선이 필요한 표현	개선된 표현	개선이 필요한 표현	개선된 표현
마스터 플랜	종합 계획, 기본 계획	매뉴얼	안내서, 설명서, 지침
매칭	연결	모니터링	점검, 감시, 감독
미스매치	부적합한 연결	바우처	상품권, 이용권
세션	분과, 부문, 부분	스왑	교환
스타트업	창업(초기)기업 새싹 기업	시너지 효과	(동반)상승효과 상생 효과
아웃리치	현장 지원(활동)	액션 플랜	실행 계획
원스톱 서비스	통합 서비스, 일괄 서비스	윈윈 효과	상생 효과
이슈	쟁점/논쟁	인센티브	혜택, 특전
인규베이팅	보육, 도움	인프라 구축	기반 (시설) 구축
카 셰어링	차량 공유	킥오프 회의	첫 회의
콘퍼런스	학술회의, 학술 대회	태스크포스(TF)	전담 팀, 특별 팀
타깃	대상, 목표	핫라인	(비상) 직통 회선 (비상) 직통 전화
컨트롤타워	(조정)관리 조직(조정) 관리 기구, 전담	트렌드	유행/흐름/동향/경향
노하우	비법, 기술, 비결, 방법	허브	중심, 중심지, 거점
패러다임	인식	프로젝트	과제, 사업, 기획
프로세스	과정, 절차	헬스케어	건강 관리

③ 불필요한 한자어 지양

개선이 필요한 표현	개선된 표현	개선이 필요한 표현	개선된 표현
가용한	쓸 수 있는	경주하다	기울이다, 쏟다, 다하다
계도하다	알려주다, 일깨워주다	금번	이번
기	이미 ( ), 기존의 ( )	기망하다	속이다
시현하다	나타내다, 나타내 보이다	만전을 기할 예정이다	최선을 다할 예정이다
불식하다	없애다	불요	필요 없음

개선이 필요한 표현	개선된 표현	개선이 필요한 표현	개선된 표현
부기하다	덧붙여 기재하다	송달하다	보내다
상이한	다른	상존	늘 있음
상회하다	웃돌다	시찰하다	살펴보다
수취	수령/받음	용이하다	쉽다
긴요하다	아주 중요하다	예찰하다	미리 살피다
이첩하다	넘기다	적시	제때
적기	알맞은 시기/제철	제반	여러
제고하다	높이다	차기	다음(번)
존치하다	그대로 두다	패용, 패용하다	달기, 달다
천명하다	밝히다	편취하다	속여 뺏다
하회하다	밑돌다	정수	정원

4. 슬기로운 수정

　　조직내의 신입사원 또는 하급자가 문서의 초안 작성 후에는 관리자, 상사 또는 상급자의 검토를 받게 된다. 관리자, 상사 또는 상급자가 문서를 검토 후 피드백 시에 교정부호를 사용하는데 이때 슬기로운 문서수정을 위해서는 교정부호에 대한 이해가 필요하다. 교정부호는 문서의 교정을 볼 때, 발견된 잘못을 바로잡기 위한 지시를 나타내는 부호를 의미한다. 교정부호의 종류는 띄움표, 넣음표, 부호넣음표, 줄바꿈표, 줄비움표, 메모고침표, 고침표, 뺌표, 지움표, 붙임표, 줄붙임표, 줄이음표, 줄표, 자리 바꿈표, 줄 서로바꿈표, 오른자리 옮김표, 왼 자리 옮김표 등이 있다.

교정 부호			
∨	띄움표	띄어 써야 할 곳을 붙여 썼을 때 사용	아름다운봄
∨	넣음표	글자나 부호가 빠졌을 때 사용. [입력할 내용]에 추가할 글자나 부호 입력	언제나까지
∧	부호 넣음표	밑에 찍는 문장 부호를 넣을 때 사용. [입력할 내용]에 추가할 문장 부호 입력	책상 탁자 칠판
⌐	줄바꿈표	한 줄로 된 것을 두 줄로 바꿀 때 사용	하는 것이다. 그러나
✕	줄비움표	줄과 줄 사이에 빈 줄 하나를 추가할 때 사용	해마다 봄바람이 남으로 오네 꽃피는 사월이면
▽	메모 고침표	틀린 문자나 내용을 바꾸도록 메모로 추가할 때 사용	고침표:1 밤 높임말: 진지
∨	고침표	틀린 글자나 내용을 바꿀 때 사용. [입력할 내용]에 추가할 바꿀 내용을 입력	공부할려면
✎	뺌 표	필요 없는 글자를 없앨 때 사용	선생생님과
=	지움표	필요 없는 내용을 지울 때 사용	빨리 빨리 가자
⌒	붙임표	붙여야 할 곳이 떨어져 있을 때 사용	작은 아버님과
( )	줄붙임표	줄과 줄 사이에 필요 없이 추가된 빈 줄을 없앨 때 사용	물에는 반짝이는 윗문 밖에는
ⴒ	줄이음표	두 줄로 나누어진 것을 한 줄로 이을 때 사용	공부를 못한다. 언어란 본래
∽	자리 바꿈표	글자, 단어의 앞뒤 순서를 바꿀 때 사용	내린 어제
ⴅ	줄 서로 바꿈표	윗줄과 아랫줄을 서로 바꿀 때 사용	땅 위에서 땅 속에서 공중에서
⌐	오른자리 옮김표	원하는 만큼 오른쪽으로 자리를 옮기고자 할 때 사용	그러면, 언어를
⌐	왼 자리 옮김표	원하는 만큼 왼쪽으로 자리를 옮기고자 할 때 사용. 원하는 값과 단위를 입력	엄마야 누나야

Part Ⅱ

슬기로운 문서관리

Chapter 04
문서관리

1. 문서관리의 목적

　문서관리는 문서의 생산에서부터 보관, 폐기에 이르기까지의 과정을 일정한 규칙이나 기준에 따라서 처리하는 것을 의미한다. 따라서 조직에서 업무상 작성된 다양한 유형의 문서의 효용을 높이기 위해서는 적절하고 합당한 문서처리 기준에 따라 분류하여 관리해야 한다. 그런데 대부분의 문서는 시간이 지남에 따라 활용도가 떨어져 6개월이 지나면 전체의 10%, 1년이 지나면 1% 정도만이 활용가치를 지닌다. 즉 1년이 지나면 99%의 문서가 불필요하게 되는데도 발생되는 문서를 쌓아둔다면 사무공간은 서류 보관 창고로 전락할 수밖에 없다. 이에 문서의 신속한 검색과 활용을 위해서는 사무공간에 보관하고 있던 문서도 일정 기간이 지나면 폐기하거나 별도의 장소로 이관하여 관리하는 등의 기준이 필요하다. 따라서 문서관리를 효율적으로 하기 위해서는 문서 생성부터 폐기의 일련의 과정을 분류기준에 따라 파일링시스템(filing system)을 구축하여 활용하는 것이 필수적이다.

　가. 문서관리체계를 확립하여 문서의 사물화를 방지하고, 사무의 표준화·통일화를 이룩하며, 불필요한 문서를 적시에 폐기하면 자연히 문서의 검색이 용이하게 되므로 문서의 활용도를 높일 수 있게 된다.

　나. 문서정리체제를 구축하면 불필요한 문서는 버리고 가장 필요한 문서만을 사무실 내에 보관토록 하여 지금까지 불필요한 문서에 점령된 공간을 유효하게 활용할 수 있게 되며, 확실한 기준 하에 문서를 관리함으로써 분실을 방지할 뿐만 아니라 문서를 누구든지 쉽게 꺼내 볼 수 있도록 하여 찾는 시간을 단축시킬 수 있다.

문서관리의 목적

신속한 검색	어떤 문서든 1분 이내	• 분류 체계 정립 • 모든 문서의 고정 위치화 • 모든 집기, 비품의 고정 위치화 • 보존 연한의 명확화
개방화	자료의 사물화 절대 금지	• 개인 관리 → 조직 관리(과 단위) • 중복 보관 배제
비품의 감축	비품의 여유 공간 확보	• 보존문서는 보존서고로 이관(40%) • 필요문서의 과감한 폐기(40%) • 마이크로필름화 • 신규구입억제
사무 환경 개선	쾌적한 사무실	• 파일용품 통일·표준화 • 집기·비품의 통일·표준화
장표 감축	현재 사용 중인 각종 양식 종류를 같은 내용끼리 통·폐합	• 내용의 통·폐합 • 유통경로의 단축 • 임의 제작 사용은 절대 불허 • 장표 통제기능 강화

2. 문서관리의 조건

가. 정확성

파일체계가 잘못되면 많은 노력과 시간이 낭비된다. 파일링 방법이 표준화되고 과학적인 정확성을 가진 시스템이 되어야 한다.

나. 경제성

시스템이 완전하다 해도 성과에 비해 경비가 과다하면 실현 가능성은 적다. 관리수단인 파일링시스템에 소요되는 경비는 가능한 한 줄여야 한다.

다. 융통성

파일링시스템은 모든 조건변화에 적응할 수 있어야 한다. 조건변화에 대한 혼란이 없도록 확장·축소가 용이해야 한다.

라. 간이성

파일링시스템의 간소화는 정확히 취급할 수 있고 쉽게 이용할 수 있도록 난해한 분류와 자연스럽지 못한 사고는 피해야 한다.

마. 논리성

실제적으로 파일링시스템이 항상 논리적이라고는 볼 수 없으므로 점검하고 개선 해야 한다.

3. 문서관리의 기본 원칙

가. 조직구성원의 전원 참가

문서관리체제를 효율적으로 운용하기 위해서는 전사원이 적극적으로 참여하여 통일된 원칙으로 문서를 관리하여야 한다.

나. 문서관리방법의 표준화

문서관리는 전사(全社)에 걸쳐 점진적으로 혹은 동시에 시행하게 되므로 문서관리 방법 전반에 대한 내부 규정을 제정하여 표준화한다.

- 표준화란 문서사무처리에 적용할 수 있는 여러 가지 방법 중에서 가장 타당한 것을 기준으로 정하는 것이다.
- 문서관리의 표준화로 인해 문서사무의 통일성과 객관성을 유지할 수 있게 되며, 같은 내용의 문서사무는 누가, 언제 처리하더라도 동일한 방법이 적용되게 된다.
- 표준화의 대상은 양식, 용지 규격, 서식, 항목, 서체, 문서의 접수 및 배부에 관한 사항, 그 밖에 문서의 작성·처리·발송에 관한 사항 등이 있다.
  - 문서 양식의 표준화 : 용지 규격, 문서 서식 통일
  - 장표 양식의 표준화 : 보고서, 기안문 등과 같은 문서 양식을 장표화
  - 표현 방식의 표준화 : 문서작성 형식, 문장 표현 방식 등을 통일
  - 문서 처리의 표준화 : 문서 분류방법과 분류번호, 분류체계, 관리방법 등을 통일

- 문서 취급의 표준화 : 문서의 발송과 접수 등의 수발 사무에 대한 방법과 절차 통일
- 문서 보존관리의 표준화 : 문서의 보존, 이관, 폐기 등을 표준화

다. 문서검색의 용이화 및 신속화, 간소화

필요한 문서를 쉽게, 그리고 신속하게 찾아낼 수 있도록 한다. 문서가 보관된 서류함이나 서랍의 위치를 누구나 쉽게 알 수 있도록 소재를 명시해 둔다.

- 문서처리의 절차나 방법 중에서 중복되는 것이나 불필요한 것을 없애고 또 동일 종류의 문서처리는 하나로 통합하여 처리한다.
- 문서처리 시간을 단축하고 업무 능률을 증진시킬 수 있다.

라. 전문화

- 문서관리업무에는 문서의 작성, 배포, 접수, 보관 등 여러 가지가 있는데, 이 중 특정 사무에 담당자를 정하여 전담하도록 함으로써 전문성을 높이는 것이다.
- 전문화를 이루면 문서사무의 숙련도를 높이고 문서사무의 능률을 증대시킬 수 있다.

마. 기계화·자동화

- 문서관리를 자동화함으로써 신속하고 편리하게 관리할 수 있다.
- 문서작성에 기계를 사용하여 자동화하는 것은 문서작성의 정확도를 높이고 문서처리 시간을 단축하는 데 그 의의가 있다.

바. 문서의 적시(適時) 폐기

쓸모없는 서류들 때문에 정작 필요한 자료를 찾기 위해선 많은 시간을 소비해야 하므로 수시로 정해진 규칙에 따라 폐기하는 것을 습관화, 제도화해야 한다. 불필요한 문서를 보관하게 되면 자리를 많이 차지하여 보관비용을 증대시킬 뿐만 아니라 반드시 보관·관리해야 할 문서에도 지장을 준다.

사. 부수(部數)의 제한

꼭 필요한 자료를 꼭 필요한 곳, 꼭 필요한 사람에게만 배포하고 있는지를 다시 한

번 생각해야 한다. 또 자료수집도 필요한 것만 한정하도록 하고 새로운 자료를 입수할 시에는 오래된 자료는 즉시 폐기하도록 한다.

4. 문서관리의 절차

문서는 구분, 분류, 편철, 보관, 보존, 이관, 폐기와 같은 문서의 표준화된 Life Cycle 절차를 이용하여 관리한다. 생성된 문서는 사후관리가 매우 중요하며, 문서의 대출여부나 대출기간은 문서의 성격과 중요도에 따라 상이하다.

가. 문서관리 절차

- 구분 : 문서 처리가 완결되지 못한 문서와 문서 처리가 완결된 완결문서를 분류하여 문서관리 절차에 따라 관리할 문서를 지정한다.
- 분류 : 문서를 문서분류법에 따라 나눈다.
- 편철 : 분류가 끝난 문서를 문서철에 묶는 과정으로 발생순서 또는 논리적 순서에 따라 묶는다.
- 보관 : 문서가 완결된 날이 속하는 연도의 말까지 문서를 관리한다.
- 보존 : 정해진 문서의 보존기간 동안, 즉 폐기 전까지 관리한다.
- 이관 : 지정된 보존기간에 맞추어 보존 중인 문서를 연장하여 보존하기 위해 해당 부서 또는 장소로 옮긴다.
- 폐기 : 보관 또는 보존기간이 끝난 문서를 폐기한다.

나. 대출(貸出) 절차

대출을 희망하는 문서를 검색 후 대출신청서 작성하여 날인 후 문서 보관 책임자에게 대출 신청을 한다. 이때 포함되어야 하는 문서 정보는 제목/분류번호/대출연월일/반환연월일/대출자성명/직명/소속이 포함되어야 한다. 최근에는 전자문서의 대출이 활발하여 로그인 기록정보와 ID 카드 등에 이러한 정보들이 포함되어 있는 경우가 일반적이다. 문서대출시에 문서 반출 위치에 대출 가이드(Out Guide)를 작성하여 대출문서 자리에 표시하면 문서관리의 혼란 방지 및 효율성을 높일 수 있다. 대출된 문서의 정확한 반납을 위해 티클링(tickling the memory) 방법 사용할 수 있다.

- 티클러 파일(Ticlker file)

월·일의 가이드를 상자 가운데 세워두고 각 처리 사항을 기입한 카드를 해당 월·일의 가이드가 있는 곳에 끼워서 사용하는 방법으로 문서 취급 담당자가 잊고 있어도 당일 해야 할 일을 메모로 의해 알 수 있게 함으로써 문서 취급 담당자가 반환예정일을 일일이 기억하지 않더라도 적당한 시점에 대출자에게 독촉할 수 있는 구조로 되어 있다. 최근에는 스마트 기기나 컴퓨터의 알람(alarm) 프로그램 등이 티클러 파일을 대신하는 경우가 많다.

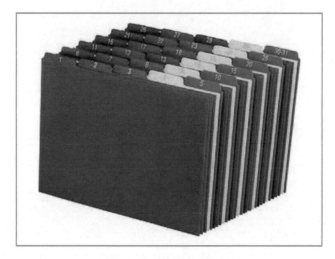

[티클러 파일]

다. 문서의 이관(移管)과 보존

이관은 활용빈도가 낮은 문서들을 따로 추려서 보관 단계로 옮기는 것으로 사무실에서 다른 장소로 옮기는 것을 의미한다. 이관한 문서는 문서관리 책임자가 보존 문서 기록부를 작성한다. 문서의 보존기간은 조직에 따라 구분이 다르나 1년, 5년, 10년, 영구 보존 등의 4단계로 문서의 종류에 따라 구분하여 보존한다.

[문서 보존기간에 따른 문서의 종류]

문서 보존기간	문서의 종류
영구 보존 (복원이 불가능하다)	• 회사의 존속에 관련된 서류 ex) 정관, 사규, 중요 계약관계 서 • 주주 총회, 이사회, 임원에 관한 중요 문서 ex) 이사회, 주주 총회 회의록 • 회사의 재산(자본, 사채), 권리, 의무에 관한 문서 ex) 토지, 건물 관계(등기) 중요 문서, 담보, 근저당 및 감정 서류, 특허관 계 서류 • 효력이 영속되는 문서 ex) 임대차 계약, 합자 투자 계약서 • 임원 및 종업원의 입사 관련 주요 서류 ex) 이력서, 사원 명부, 보증서 등 • 법령이나 조직 규정에 의해 영구 보존해야 할 문서
10년 보존 (복원이 가능하나 비용이 많이 든다)	• 세무관계 ex) 회계 증빙서류(상업 장부 등) • 주주 명부 관계 등 ex) 주주 명의 변경서 • 월차 결산 서류 • 상업 장부관계 • 법령이나 조직 규정에 의해 10년간 보존해야 할 문서
3~5년 보존 (복원이 가능하나 비용이 적게 든다)	• 세금 관련 주요 서류 • 주요 전표, 거래관계 서류 • 수출입 관련 서류 • 인사 관련 금전적 지출에 관한 서류 ex) 사원 이동, 급료 수당 관계 등 • 문서 수발신 기록 서류 • 시장 조사, 홍보 등 기획 관련 일반 서류 등 • 법령이나 조직 규정에 의해 3년간 또는 5년간 보존해야 할 문서
6개월-1년 보존 (복원할 필요가 없다)	• 왕복 문서, 통지 서류 관계 • 일일명령, 월간계획, 보고 등 경미한 문서 정보 • 통상적인 품의, 기안, 보고문서 • 법령이나 조직 규정에 의해 6개월~1년 보존해야 할 문서
처리 종결 후 수시 폐기	• 참고용 보고서, 회람, 통지 등 • 원본이 있는 문서의 사본 • 수정본 발행으로 보존 가치가 없는 자료, 법령, 도서 • 연도가 지난 정기 간행 자료 등

라. 문서의 폐기

보존도 중요하나 폐기도 중요하다. 보존기관이 경과한 문서는 문서 보존 여부 재

검토 후에 폐기처분한다. 이때 주의할 점은 폐기 대상 문서의 필요 여부는 사업 및 사무 성격과 과거 사례를 참작하여 판단하고, 폐기 대상 문서의 미래의 예측할 수 없는 이례적인 사건이나 사정에 의한 필요 여부 경향을 검토하고 파악해야 한다. 문서의 폐기 문제의 중요성 인식하고 기준 수립에 신중을 기하고, 비밀문서는 반드시 소각해야 한다. 비밀문서를 폐기할 때는 소각하거나 보안 문서 파쇄 전문 업체 등에 의뢰하여 내용을 확인할 수 없도록 완전하게 폐기하여야 한다. 문서를 폐기할 때는 보존문서 기록 대장에 폐기 사실을 붉은색으로 기입하고 폐기인을 날인한다.

5. 문서정리의 순서

가. 검사(Inspecting)

이 문서가 과연 파일하여도 좋은 상태로 되어 있는가의 여부를 검사하여야 한다. 그 문서가 파일하여도 되는 상태이면 문서에 문서 정리인을 날인하고 담당 취급자의 날인과 처리 연월일을 기입한다.

나. 주제결정(Indexing)

문서를 어느 제목으로 정리(filing)할 것인가를 정하기 위하여 내용을 읽는다. 경우에 따라서 그 내용이 기술적이거나 전문적이어서 비서가 주제를 결정하기 어려운 경우 그 업무의 담당자에게 문의, 결정하는 것도 한 방법이다.

다. 주제표시(Coding)

문서의 제목으로 정한 주제에 붉은색 밑줄을 긋는다. 문서내용 중에 주제가 없다면, 문서의 오른쪽 위의 여백에 제목을 따로 기재하고 밑줄을 그어준다. 주제를 결정하는 과정에서 해당 문서가 다른 주제로도 사용될 것 같은 경우에는 주된 주제의 폴더에 원본을 넣어 두고, 관계가 적은 주제의 폴더에는 복사본을 넣고 상호참조표시를 한다.

- 상호참조표시(Cross Referencing) : 두 개 이상의 제목으로 요청될 가능성이 있

는 문서의 경우, 주된 제목의 폴더에 이 문서를 넣어두고 관계가 적은 편 제목의 폴더에는 상호 참조표를 넣어둠으로써 어느 경우라도 검색이 용이하도록 한다. 혹은 복사하여 양쪽에 보관할 수도 있다. 상호 참조를 위한 문서 제목에는 밑줄을 긋고 옆에 X로 표시한다.

라. 분류(Sorting)

주제를 결정한 뒤 체계적인 문서분류법에 따라 문서를 가나다순 또는 번호순으로 배열하는 것을 분류라고 한다. 또한 문서를 한 장씩 편철하느라 같은 서랍을 여러 번 여닫지 말고 동선(動線) 절약을 위해 우선 큰 묶음으로 순서를 나눈 뒤 재분류하여 가나다 혹은 번호순으로 분류한다.

마. 정리(Storing)

분류 · 정리한 다음 우선 서류함 외부의 색인표를 보고 적절한 서랍을 열어서 가이드(Guide)와 폴더(Folder)의 명칭을 보고 해당 폴더를 찾아 올바른 위치에 삽입한다.

ABC WorldWide

115 Southbend Road, Smithsfield, MA 92100-0123 Tel : (805) 777-1234 / Fax : (352) 777-1244

August 23, 20XX

Mr. Stephen M. Gates, President
Walker Moving & Storage
912 College Street
Northfield, CA 55707-2486

Dear Mr. Bates:

Welcome to VIP status. You spend a lot of time away from home traveling the world and you deserve to be rewarded. So please be out guest in enjoying some well-deserved privileges, including a 35% bonus on all points earned at our 10 distinct brands with over 3,600 hotels in 100 countries. These Bonus Points will bring you that much closer to your next once-in-a-lifetime experience with your family and friends.

Privileges reserved for VIP Members
- 35% bonus on Base Points automatically with each stay
- On-property amenities, including room upgrades, free breakfast and more
- Complimentary high-speed Internet access at all ABC Worldwide properties around the globe
- eCheck-in to select your room and check in 24 hours in advance
- Late check-out, early check-in and elite-only Rewards
- Reach VVIP status to get a 50% bonus on Base Points and guaranteed reservations

Pick your preferences
- Fill out your online so all your information travels with you, all around the world
- Tell us your travel favorites, so we'll always be ready for you when you arrive
- Tailor your communications, so you'll only receive offers you can really use
- Choose select on-property hotel benefits, like extra points, beverages and more

Whether you are looking for a luxury destination resort, a modern hotel with every high-tech amenity or a hotel with the comforts of home, with over 10 distinct brands ABC Worldwide has it all.

Sincerely,

Jeffrey Diskin

Jeffrey Diskin
Vice President, Customer Marketing

파일링시스템은 가나다식 문서정리방법(Alphabetic Filing System), 번호식 문서정리방법(Numeric Filing System), 기타 문서정리방법으로 구분할 수 있다. 이 문서정리방법들을 살펴보기에 앞서 일반적인 파일의 배열순서와 용어를 이해하여야 한다. 파일의 기본적인 배열순서는 제1 가이드(Primary Guide), 개별폴더(Individual Folders), 잡폴더(Miscellaneous Folders)의 순으로 배열하고, 필요한 경우에 대출 가이드(Out Guide)와 특별 가이드(Special Guide)를 배열한다.

이때 가이드란 폴더들을 그룹별로 구분해 각 그룹별 폴더의 제일 앞에 끼워서 세워두는 두꺼운 표지판을 말하며, 가이드는 필요한 자료를 쉽게 찾을 수 있도록 개별폴더를 구분해 줄 뿐만 아니라 폴더가 쓰러지거나 처지는 것을 막아주는 역할을 한다. 개별폴더는 두꺼운 종이를 겹쳐서 그 사이에 문서를 넣을 수 있도록 한 것을 폴더라 하며, 각 개별폴더에는 내용상 관계가 있는 문서를 한곳으로 모아서 보관하고 폴더는 관련 가이드의 뒤에 배치한다. 폴더의 커버 뒷면에 돌출 부분을 귀(cut)이라고 하는데 이는 서류항목을 쉽게 찾을 수 있도록 하기 위함이다.

잡폴더는 단독 폴더로 독립되기에는 문서의 양이 적은 기타 등등의 문서를 보관하는 폴더를 의미하며, 잡폴더는 개별폴더의 맨 뒤에 위치한다. 대출가이드는 대출된 폴더 자리에 끼워두는 표식으로 누가 언제 대출하였는지, 언제 반납할 것인지 등의 내용이 표시된다. 특별가이드는 해당 조직에서 중요하다고 간주하는 폴더나 자주 사용하는 폴더 앞에 표식으로 두는 가이드이다.

폴더를 취급할 때 주의해야 할 사항은 다음과 같다.

- 폴더 한 개에 넣는 문서는 80~100매 정도로 하고, 그 이상일 경우에는 분철한다. 폴더가 두꺼운 종이로 되어 있으나 문서의 양이 초과되면 휘어져서 취급에 어려움이 발생한다.
- 폴더의 표제부분을 견출부라고 하고, 검색시에 견출부를 보고 검색하므로 손상에 유의한다.
- 한 문서가 여러 장인 경우 스테이플러로 철하되, 스테이플러는 왼쪽 윗부분을 철한다. 클립이나 핀은 빠지기 쉽고 손을 찌르거나 다른 문서와 섞일 수 있어 사용을 지양한다.
- 크기가 큰 문서는 문서의 제목이 보이도록 접어서 철한다.

파일링시스템에서 사용되는 용어인 문서목록표는 문서의 List를 의미하고, 파일조견표는 내용을 분명하고 자세하게 적은 표를 의미하며, 문서관리 기준표는 문서관리를 위한 Guideline을 의미한다.

 파일의 배열순서

- 제1 가이드(Primary Guide) : 개별폴더 등과 특별가이드의 앞에 위치한다.
- 개별폴더(Individual Folders) : 가이드 뒤에 알파벳순으로 배치된다.
- 대출 가이드(Out Guide) : 폴더가 대출되었을 때 대출된 폴더 자리에 끼운다.
- 특별 가이드(Special Guide) : 자주 쓰이는 폴더의 앞에 위치한다.
- 잡폴더(Miscellaneous Folders) : 개별폴더 뒤에 위치하고, 가이드와 같은 표제명을 사용한다.

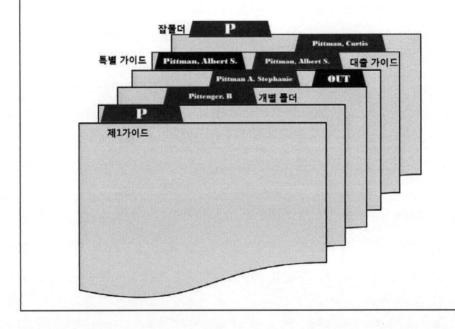

가. 가나다식 문서정리방법(Alphabetic Filing System)

편철하고자 하는 문서를 상호별, 대표자별, 지역별, 장소별로 분류·정리하는 방법으로 왕복문서의 파일링에 많이 사용된다.

① 명칭별 정리법

문서를 거래자(고객명)나 거래 회사명에 따라 이름의 첫머리 글자를 기준으로 해서 가나다순 혹은 알파벳순으로 분류한다. 회사명에 '(주)한국'처럼 주식회사 표시가 앞에 있는 경우 '한국 ㈜'로 ㈜를 뒤로 옮겨 놓고 순서를 정한다.

장점	단점
• 동일한 개인 혹은 회사에 관한 문서가 한 곳에 집중된다. • 직접적인 정리와 참조가 가능하며 색인이 불필요하다. • 가이드나 폴더의 배열 방식이 단순하다. • 잡건(雜件)의 처리가 용이하다.	• 비슷한 명칭이 밀집해서 지장이 있다. • 명칭 특히 조직명의 표시 방법에 관련하여 문서가 분산된다.

 가나다식 문서정리방법의 예시

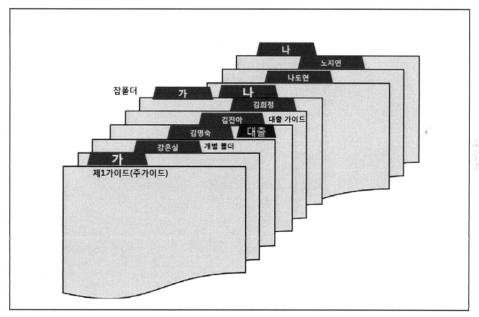

② 주제별 정리법

문서의 내용으로부터 주제를 결정하고 이 주제를 토대로 문서를 분류·정리하는 방법이다. 문서가 조직명이나 개인명으로 다루어지지 않는 경우와 차후에 주제에 의하여 요청될 경우에 사용하는 문서정리방법이다. 주제는 분류자에 따라서 달라질 수 있으므로 미리 주제 결정 방식과 용어 분류 기준표를 만들어 두면 편리한데, 회사에 따라서 문서관리 규정에 용어 분류 기준표를 규정에 놓기도 하므로 이에 따라서 주제를 결정한다.

장점	단점
• 같은 내용의 문서를 한곳에 모을 수 있다. • 무한하게 확장할 수 있다.	• 분류하는 것이 어렵다. • 색인 카드가 필요하다. • 잡건의 취급이 어렵다. • 어떠한 관점으로도 찾을 수 있도록 상호 참조를 해야 한다.

 주제별 문서정리방법의 예시

대분류		중분류		소분류	
기호	주제	기호	주제	기호	주제
000	총괄	200	인사총괄	210	인사총무총괄
100	총무	210	인사총무	211	인사계획
200	인사	220	급여	212	채용
300	경리	230	노무	213	전직 · 전보
400	구매	240	교육훈련	214	고과
500	판매	250	안전	215	휴직 · 복직
600	생산	260	복리후생	216	퇴직
700	(공란)	270	4대보험	217	(공란)
800	(공란)	280	(공란)	218	(공란)
900	(공란)	290	(공란)	219	(공란)

한국 십진 분류표

총류를 제외하고 9가지 주제로 분류되어 있고 세계 공통이므로 분류체계를 이해하면, 어느 도서관을 가더라도 원하는 자료를 쉽게 찾을 수 있다.

기호	주제	세부 내용
000	총류	백과사전, 연감, 사전, 신문, 논문 등
100	철학	충효, 논어, 심리학, 동서양 철학 등
200	종교	불교, 기독교, 천주교, 기타 종교 등
300	사회과학	통일, 교육, 전설, 법학, 정치학, 경제학 등
400	순수과학	과학, 자연, 수학, 동식물학 등
500	기술과학	의학, 농학, 건축, 기계, 전기 등
600	예술	음악, 미술, 연극, 사진, 운동 등
700	어학	한국어, 중국, 일본어, 영어 등
800	문학	동화, 동요, 시, 수필, 소설, 일기 등
900	역사	위인전, 탐험기, 지리, 역사 등

 주제별 문서정리방법의 예시

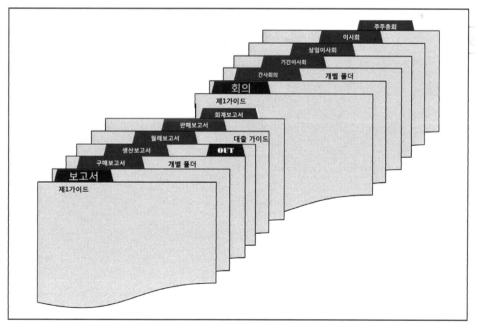

③ 지역별 정리법

거래처의 지역이나 범위에 따라 가나다순으로 분류하는 방법이다. 우선 장소나 지역에 따라서 분류한 후, 같은 지역 내에서는 명칭이나 주제에 따라서 가나다순(알파벳순)으로 배열한다. 예를 들어 거래처가 전국으로 분산된 경우에는 단계별로 분류하며, 외국의 여러 나라와 거래를 하는 경우에는 국가, 지역, 거래처 명칭 순으로 분류·정리한다.

장점	단점
• 장소에 따른 문서의 집합이 가능하다. • 직접적인 정리와 참조가 가능하다. • 잡건의 처리가 가능하다.	• 지역별로 분류한 다음에 한글순, 알파벳순으로 구분하기 때문에 착오가 많고 노력이 많이 든다. • 명칭과 같이 장소를 모르면 조사를 할 수 없다. • 카드 색인에 의존해야 한다.

지역별 문서정리방법의 예시

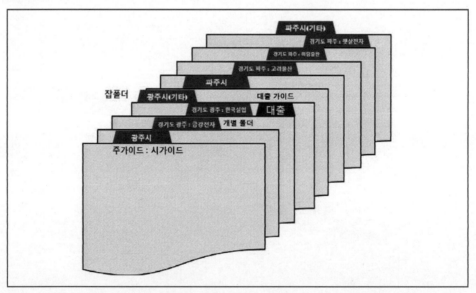

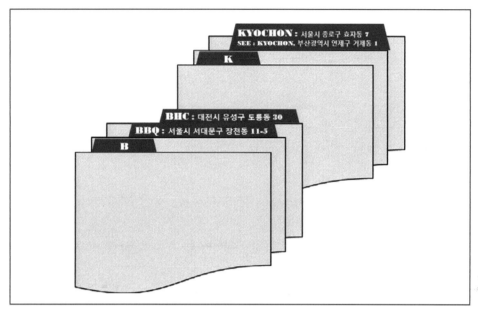

나. 번호식 문서정리방법(Numeric Filing System)

파일의 제목으로 글자 대신 번호를 기입하여 번호순으로 정리하는 방식으로 가나
다식 문서정리 방법이 직접적으로 정리하는 방법이고, 번호식 정리방법은 명칭에
부여된 번호에 따라 찾기 때문에 간접적인 방법이라고 할 수 있다. 이 방법은 파일
양의 확장이 수월하고 업무 내용보다는 번호로 참조되는 경우에 효과적이다. 예를
들어, 학교에서는 학생을 학번으로, 회사에서 사원을 사번을 부여하여 동명이인의
처리에서 생길 수 있는 문제를 쉽게 해결할 수 있다.

- 숫자로 색인된 주된 문서정리(Main Numeric File) : 활동 중의 거래처나 항목에
  관한 왕복 문서가 일정량 모이면 개별 폴더에 넣어 숫자를 지정하여 주된 정리
  서랍에 보관한다.
- 2차적인 문서정리(Miscellaneous File) : 충분히 축적되기 전의 상태에 있는 문
  서는 한글순 혹은 알파벳순으로 잡(雜)폴더 속에 수용한다. 이 중에서 1개의 거
  래처 혹은 항목의 문서가 일정량(보통 5매) 축적되면 개별 폴더에 이전하여 새
  로운 번호를 붙이고 주된 파일로 옮겨 번호 순서에 삽입한다.
- 색인카드정리(Card File) : 개별 폴더에 보관 중인 거래처나 항목의 명칭을 카드

에 기재하고 지정된 숫자를 적는다. 모든 카드는 거래처나 항목의 명칭에 따라 한글순 혹은 알파벳순으로 배열한다.

- 번호 등록부(Accession Book) : 번호 등록부에는 번호순으로 이미 지정된 명칭을 기록해 둔다.

장점	단점
• 정확하다. 동명이인 등의 혼돈이 발생하지 않는다. • 카드 색인이 그대로 거래처의 목록표가 된다. • 확장을 무한히 할 수 있다. • 문서를 구별하든가 부를 때에 번호를 사용할 수 있어 기밀을 유지할 수 있다.	• 간접적인 정리 방법이다. • 잡문서가 별도의 철에 보관된다. • 인건비, 비용이 많이 든다.

 번호식 문서정리방법의 예시

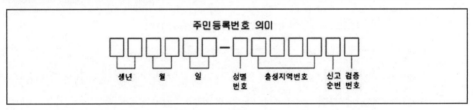

상위 출생신고 이름 현황(2021 서울 기준)		
순위	남아	여아
1	이준(8.58%)	이서(7.58%)
2	서준(6.73%)	서아(6.75%)
3	이안(6.48%)	하윤(6.32%)
4	하준(6.43%)	지아(6.14%)
5	도윤(6.13%)	지안(6.01%)
6	지호(5.42%)	유나(5.71%)
7	시우(5.37%)	서윤(5.36%)
8	은우(5.18%)	지우(5.29%)
9	수호(4.80%)	아린(5.01%)
10	주원(4.70%)	수아(4.82%)

상위 출생신고 이름 현황(2021 서울 기준)		
순위	남아	여아
11	유준(4.68%)	시아(4.66%)
12	선우(4.60%)	리아(4.44%)
13	예준(4.30%)	아윤(4.31%)
14	준우(4.17%)	지유(4.25%)
15	태오(4.13%)	하은(4.21%)

출처 : 대법원 전자가족관계시스템 통계서비스

다. 기타 문서정리방법

① 혼합형 문서정리방법(Mixed Filing System)이 방법은 편의에 따라 문서를 주제별·명칭별·형식별 등 다양한 방법으로 혼합 분류해서 배열하는 방법이다.

② 형식별 분류법 : 문서 형식에 따라 분류하는 방법으로 보고서, 계약서, 의사록 등 문서 형식별로 정리하는 방법이다.

③ 표제별 분류법 : 문서 표제에 따라 분류하는 방법으로 견적서, 판매일보, 조사월보 등을 동일한 표제의 것으로 한 파일에 모으는 방법이다.

④ 프로젝트별 분류법 : 프로젝트별로 일의 발생에서부터 완결까지의 전 과정과 관련된 문서를 하나의 파일로 정리하는 방법이다.

 혼합식 문서정리방법의 예시

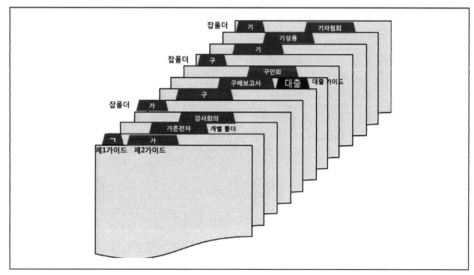

Chapter 05
영문서 관리

1. INDEXING RULES : BASIC RULES

가. Alphabetizing by Unit

① indexing(색인) 할 때는 가장 중요한 단위 순으로 비교한다(first unit, second unit, third unit 순).

② 첫 글자가 같을 때는 그 다음 글자의 알파벳 순서에 따르고, 첫 단어(first unit)가 같을 때는 그 다음 단어(second unit)에 따라 indexing 한다.

③ 비교할 대상이 있을 때는 우선 first unit을 비교하고, first unit이 같은 경우에는 second unit을, second unit도 같은 경우에는 third unit을 비교하여 알파벳순으로 색인한다.

Name	Unit 1	Unit 2	Unit 3
Traverlmasters	TRAVERLMASTERS		
Union Oil	UNION	OIL	
Union Pacific	UNION	PACIFIC	
Victory Cycles	VICTORY	CYCLES	
Victory Video Rental	VICTORY	VIDEO	RENTAL
Victory Video Sales	VICTORY	VIDEO	SALES

나. Nothing comes before Something

① 없는 것(Nothing)이 있는 것(Something)보다 먼저

② 한 글자로 구성된 이름은 같은 글자로 시작하는 단어로 된 이름보다 먼저 온다.

③ 한 단어로 구성된 이름은 같은 단어에 또 다른 단어들이 합쳐진 단어보다 먼저 온다.

Name	Unit 1	Unit 2	Unit 3
Dataserv	DATASERV		
Dataserv Computers	DATASERV	COMPUTERS	
Evers Pet Shop	EVERS	PET	SHOP
Evers Petroleum	EVERS	PETROLEUM	

2. INDEXING RULES : INDIVIDUAL NAMES

가. Basic

Last name(성), first name(given name) 또는 initial, middle name 또는 initial의 순으로 배열한다. 따라서 성명(Individual name)의 Last name(성)이 무엇인지 찾는 것이 선행되어야 한다.

Name	Unit 1	Unit 2	Unit 3
J. B. Adams	ADAMS	J	B
Pat Bolt	BOLT	PAT	
Pat V. Bolt	BOLT	PAT	V
Vance R. Curio	CURIO	VANCE	R
W. Shirley Curio	CURIO	W	SHIRLEY
Wanda Maria Curio	CURIO	WANDA	MARIA

나. Personal Names with Prefixes

① 분리된 단위가 아닌 이름의 한 부분으로 접두사가 붙어 있는 경우에는 글자 간격이나 구두점이나 대문자 형태에 대해서는 무시하고 순서를 정한다.

② 인명에 사용되는 접두사의 예 : d', D', De, Del, La, Le, O', St.. Van, Van de, Von 등

- 라틴 언어 전치사 또는 관사 : Da, De, Di(이탈리아), De(프랑스어), Del(스페인어), Don(포프투칼어), La, Le 등 ex) Leonardo da Vinci, Charles De Gaulle, Robert De Niro, Don Quijote
- 게르만어 전치사 : Van(네덜란드), Von(독일) ex) Vincent van Gogh, Ludwig van Beethoven, Heribert Ritter von Karajan
- O'는 '손자'나 '자손'을 의미하는 단어 ex) O'Neill, O'Brian
- Mc, Mac은 아들을 의미하는 단어 ex) Mcdonald, Douglas MacArthur

③ St. 또는 Saint는 표기된 형태로 순서를 정한다. ex) Saint Augustine, St. Louis, Saint Nicholas of Myra

Name	Unit 1	Unit 2	Unit 3
Florence R. D'Accio	DACCIO	FLORENCE	R
Larry F. De Harlowe	DEHARLOWE	LARRY	F
Monica Deharlowe	DEHARLOWE	MONICA	
Barry Leo MacDonald	MACDONALD	BARRY	LEO
Barry McDonald	MCDONALD	BARRY	
Marilynn O'Duff	ODUFF	MARILYNN	
Rosa Saint Clair	SAINTCLAIR	ROSA	
Clarice M. St. Cale	STCALE	CLARICE	M
Antonio VanArk	VANARK	ANTONIO	
Caroline K. Van Atkins	VANATKINS	CAROLINE	K

다. Personal Names with Titles and Suffixes

① 이름 뒤에 붙는 칭호와 직함은 마지막 unit에 두어 순서를 한다. 이는 이름이 같은 경우에는 참조하여 순서를 정한다. 다만, 타이틀과 직업명이 함께 올 때는 타이틀을 앞에 두고 직업명을 맨 뒤에 둔다.

② 이름에 사용되는 접미사의 예 : Sr., Jr., II., III., CPA(certified public accountant),

M.D.(medical doctor), MD(merchandiser), Ph.D.(doctor of philosophy) 등
- 이름 끝에 Junior 또는 Senior를 붙여 같은 집안 ex) Robert Downey Jr., Napoleone III(Napoleone di Buonaparte), Louis XIV(Louis de France et de Navarre, Le Roi Soleil)

Name	Unit 1	Unit 2	Unit 3	Unit 4
Kelly King, CPA	KING	KELLY	CPA	
Dr. Kelly King	KING	KELLY	DR	
Miss Naomi F. Ladd	LADD	NAOMI	F	MISS
Mrs. Naomi F. Ladd	LADD	NAOMI	F	MRS
Andre G. Luego, II	LUEGO	ANDRE	G	II
Andre G. Luego, III	LUEGO	ANDRE	G	III
Andre G. Luego, Jr.	LUEGO	ANDRE	G	JR
Andre G. Luego, Sr.	LUEGO	ANDRE	G	SR
Capt. Aimee H. Lugar	LUGAR	AIMEE	H	CAPT
Aimee H. Lugar, CRM	LUGAR	AIMEE	H	CRM

라. Hyphenated Personal Names

하이픈은 무시하고 한 단어로 취급하여 unit을 표기하여 순서를 정한다.

Name	Unit 1	Unit 2	Unit 3
Wallace F. Gunder-Fiel	GUNDERFIEL	WALLACE	F
Donna-Lynn Gunsten	GUNSTEN	DONNALYNN	
Julio Mortez	MORTEZ	JULIO	
Alicia V. Mortez-Scott	MORTEZSCOTT	ALICIA	V

마. Abbreviations of Personal Names

축약된 이름은 원래 이름으로 순서를 정하되, 원래 이름을 모르는 경우는 애칭을 사용한다.

ex) JAS(Jasmine), DOT(Dorothy), TOMMY(Thomas), Robt(Robert) 등

Name	Unit 1	Unit 2	Unit 3
Jas. S. Rudolph	RUDOLPH	JAS	S
Dot. Rupert	RUPERT	DOT	
Tommy Lee Russell	RUSSELL	TOMMY	LEE
W. Robt. Rutrough	RUTROUGH	W	ROBT

3. PRACTICE INDEXING AND ALPHABETIZING

가. First Unit 표시 후 이름 전체의 순서를 정하시오.

No.	Name	Unit 1	Unit 2	Unit 3	Unit 4
1	B. L. Wilder				
2	B. L. Bosch-Wilder				
3	Mr. Bert Wilder				
4	Mrs. Martha Wilder				
5	Sally-Lee Bosch				
6	Wilder, Bert L.				
7	Bert L. Wilder, Jr.				
8	Thos. Wilder				
9	Dr. Martha Wilder				
10	Martha Anne Wilder, Ph. D.				
	☞ ORDER				

나. Second Unit 표시 후 이름 전체의 순서를 정하시오.

No.	Name	Unit 1	Unit 2	Unit 3	Unit 4
1	J. R. Olin				
2	B. Olin				
3	Mr. Karl Olin				
4	Besty-Jane Olin				
5	Nita Olin				
6	Nell Olin-Scanland				
7	J. R. Olin, III				
8	Robt. Olin				
9	Martha Olin Van Krey				
10	Billy Olin				
☞ ORDER					

다. Third Unit 표시 후 이름 전체의 순서를 정하시오. (없으면 표시 안함)

No.	Name	Unit 1	Unit 2	Unit 3	Unit 4
1	Luego MacCarver				
2	Janet S. Jackson				
3	Clara Besty Claypool				
4	Julius R. Purcell, MD				
5	Margaret St. John				
6	Pat-Ellen Toll-Sills				
7	Alana N. Moore-Honaker				
8	Perry John D'Angelo, Jr.				
9	Dr. Robyn T. Keith-Adams				
10	Leo Chas. Sager, II				
☞ ORDER					

라. 각 그룹의 단어의 순서를 정하시오.

No.		Name	Unit 1	Unit 2	Unit 3	Unit 4	Unit 5
1	a	Steven Su					
	b	S. T. Su					
	c	Steve Su					
		☞ ORDER					
2	a	Patty Huang					
	b	Mark Huang					
	c	Mr. Mark R. Huang					
		☞ ORDER					
3	a	Lewis Morales					
	b	Captain Morgan F. Lewis, Jr.					
	c	Mandy Lewis					
		☞ ORDER					
4	a	G. Northrop					
	b	S. Magliaro					
	c	D. O'Houlihan					
		☞ ORDER					
5	a	Peg O'Riley					
	b	Peggy O'Reilly					
	c	Peggy O'Riley					
		☞ ORDER					
6	a	Angie Glenn					
	b	George Hunter					
	c	Georgia Glenn-Hunter					
		☞ ORDER					
7	a	Sue-Lee Winters					
	b	Sue Lee Winters					
	c	Sue Lee-Winters					
		☞ ORDER					

No.		Name	Unit 1	Unit 2	Unit 3	Unit 4	Unit 5
8	a	Sam Johnson					
	b	Dr. Sam Johnston					
	c	Sam Johnston, Jr.					
		☞ ORDER					
9	a	Michael Eames, Jr.					
	b	Sgt. Mike Eanes, Sr.					
	c	Michael Eames, Sr.					
		☞ ORDER					
10	a	Kathryn Robson					
	b	Katherine Robb					
	c	Kathy T. Roberson					
		☞ ORDER					

Chapter 06
스마트 문서관리

1. 기타 문서관리

문서관리의 대상에는 일반적인 문서외에도 도면·사진·디스크·테이프·필름과 슬라이드 등이 포함되며, 이 중에서도 조직의 업무특성에 따라 관리대상 문서가 확대될 수도 있다. 따라서 이러한 문서들의 관리방법에 대해 이해하고 문서관리 업무를 수행해야 한다.

가. 명함(名銜, Name Card) 정리

명함은 연락처 교환의 목적뿐 아니라 홍보의 수단으로까지 발전해 다양한 디자인과 재질이 사용되고 있다. 사업 관계에서 받은 명함은 인간관계와 사업관계를 파악할 수 있는 자료이며 중요한 관리대상이 된다. 명함의 정보를 활용하여 각종 문서작성 등을 효과적으로 수행할 수 있으며, 체계적이고 효율적인 명함 관리를 통해 업무상 거래처의 연락처나 정보를 정확하고 신속하게 찾고, 변경된 정보를 수정 및 저장하여 효과적인 인맥 관리도 할 수 있다.

명함을 새로 받으면 명함 뒷면에 받은 날짜와 상대방의 특징, 거래관계 등을 메모하여 주기

적으로 정리해 명함첩이나 컴퓨터 프로그램에 관리한다. 특히 출장이나 외부 회의를 다녀온 후 받은 명함은 즉시 기록하고 정리하여 진행되는 업무에 참고하도록 한다. 주소 이전이나 인사이동 등으로 인하여 명함 내용이 변경되었을 경우 즉시 직위, 소속, 주소, 연락처 등을 수정하고 최근의 명함을 구비해 놓는다. 명함을 정리하는 기준은 회사마다 다를 수 있지만 한자, 한글, 영문 등을 기준으로 일괄적으로 분류하거나 사용 빈도와 중요도에 따라 성명이나 회사명을 기준으로 분류할 수 있다.

명함을 정리하는 일반적인 원칙은 첫째, 명함을 크기, 두께, 글씨방향(종서·횡서),

한자, 한글, 영문 등을 기준으로 하여 일괄적으로 분류한다. 일반적으로 성명 또는 회사명을 기준으로 분류한다. 둘째, 명함 뒤에는 받은 일시와 그 사람의 특징, 상황 등을 메모하여, 해당 가이드의 뒤에 꽂아둔다. 셋째, 주소 · 연락처 · 직함 · 회사명 등이 바뀐 명함은 즉시 수정한다. 넷째, 언제라도 필요할 때 사용할 수 있도록 항상 최근의 명함을 구비해 놓는다. 다섯째, 1년에 1회 정도는 정기적으로 불필요하다고 생각되는 명함을 폐기한다.

- 명함 분류 기준 : 성명, 회사명

분류 기준	분류 방법
성명	• 성명을 가나다순으로 분류한다. • 성이 같은 경우, 다시 이름을 가나다순으로 분류한다. • 영문 이름의 경우 성을 기준으로 abc순으로 분류하고, 성이 같을 경우 다시 이름을 기준으로 abc순으로 분류한다. • 컴퓨터 프로그램의 오름차순 정렬을 이용하여 순서를 정할 수 있다.
회사명	• 회사명을 가나다순으로 분류하는 방법이다. • 동일 회사의 경우, 다시 성명을 가나다순으로 분류한다. • 회사의 계열사가 많을 경우, 계열사를 가나다순으로 분류한 후 다시 성명을 기준으로 분류할 수 있다. • 외국 회사의 경우 회사명을 abc순으로 분류한 다음 다시 성을 기준으로 abc순으로 분류한다. • 최근에 가장 거래가 빈번한 회사순으로 정리하는 방법도 있다

- 명함 관리 도구 : 명함첩, 명함정리함, 회전식 명함정리구, 명함관리 어플리케이션
  • 명함첩 : 사진 앨범 같은 형태의 정리 도구로 명함 크기의 투명한 비닐 포켓에 명함을 넣어서 앞뒤로 확인할 수 있도록 구성되어 있다. 회사명이나 가나다순의 색인을 달아 사용한다. 한눈에 수십 장의 명함을 파악할 수 있고 명함의 교환이 쉽다는 장점이 있어 많이 사용되고 있다. 반면 명함을 정리하거나 교환할 경우 공간이 부족하거나 명함의 위치를 변경해야하는 번거로움이 있다.
  • 명함 정리함 : 명함 넓이의 플라스틱 상자에 명함을 차례로 넣고 회사명이나 가나다 색인을 표시한 컬러 가이드를 끼워두는 형식이다. 명함을 바로 넣고 뺄 수 있어 정리가 간편하며 교환이 쉽다는 장점이 있다. 반면 명함을 찾고 나서 일일이 꺼내 보아야 하는 번거로움이 있다. 명함을 꺼낸 자리에 메모나 특별한 표시를 해 두어 다시 정리하기 쉽게 한다.

- 회전식 명함 정리구 : 투명한 비닐 포켓에 명함을 넣은 후 회전식으로 끼워 넣고 양옆에 달린 손잡이를 360도로 돌려 가며 사용하도록 구성된 형태이다. 명함을 꺼내지 않고 내용을 즉시 확인할 수 있으며, 비닐 포켓의 탈부착이 쉬워 명함을 끼우고 뺄 때 공간의 활용이 쉽다.
- 명함 스캐너 : 스캐너에 명함을 넣으면 명함에 있는 이름, 주소, 전화번호 등이 자동으로 저장된다. 간단한 설정으로 명함의 정보가 자동 관리되어 명함 관리에 들어가는 시간을 줄여 준다. 또 프로그램상에서 저장된 데이터를 이용해서 이메일, SMS 문자 메시지 전송, 지도 검색 등을 할 수 있고 엑셀과 연계되어 문서작성 시 쉽게 사용할 수 있다. 스캐너의 종류에 따라서 컬러 스캔, 흑백 스캔, 양면 스캔이 가능하다.

나. 카탈로그, 브로셔, 팜플렛, 도서, 정기간행물 정리

조직에는 자사 또는 관련사의 상품 따위를 일목요연하게 제시하여 소개하는 책인 카탈로그(catalog)나 브로셔(brochure), 간단한 설명이나 선전, 계몽 등을 위해 만든 다양한 형태의 작은 책자인 팜플렛 (pamphlet)을 보관하기도 한다. 보관시에 분류기준은 상품별로 분류하고, 최신 것을 보관한다. 또한 업무관련 도서나 정기간행물을 보관하기도 하는데, 도서나 잡지를 포함한 정기간행물이 조직의 소유임을 판별할 수 있도록 스탬프와 접수인을 찍고 도서명, 저자명, 출판사명, 가격, 규격, 발행날짜 등을 기록하고 보관한다.

다. 도면, 전산서류 정리

회사의 업종과 부서에 따라 설계도면, 건축도면, 인테리어도면 등을 보관하고 관리하기도 한다. 이때 도면의 번호를 확인 후 목적에 따라 제품이나 거래처별 분류하고, 경우에 따라 상호 관련된 도면별로 정리하는 것도 가능하다. 대출시에는 대외비사항이나 제한사항들을 확인하고 사용하지 않는 도면은 관리책임부서에 반환하여 보관한다. 도면은 일반문서보다 크기가 큰 경우가 많아 주의하여 관리해야 한다. 접거나 두루말이로 말 수 없는 도면, 두루말이로 말 수 있는 도면, 접을 수 있는 도면, 마이크로필름으로 된 도면 등으로 구분하여 관리한다. 전산서류 또는 전산기록지는 행잉 폴더(Hanging Folder)에 삽입하여 캐비닛에 보관하거나 바인더(binder)에 철하여 선반에 보관한다.

2. 문서정리 용구

    회사에는 문서관리 업무의 효율을 높이기 위한 다양한 문서정리 용구(office supplies)들이 있으며 기능이 개선되거나 새로운 용구들이 등장한다. 따라서 조직의 문서관리 역량을 높이기 위해 문서정리 용구들에 관해 관심을 가지고 도입하여 사무환경을 개선할 필요가 있다.

가. 파일캐비닛(Filing Cabinet)

    문서를 넣어두는 서류함(file box)으로 2단식, 3단식, 4단식 등이 있다. 그 외에도 가로 적립식 캐비닛용 파일상자, 책꽂이식 파일보관 선반(book shelf style file), 수평식 파일 보관대(horizontal file), 자동식 관리 보관체계함(automated filing system) Sliding Cabinet, Wall Cabinet, 모빌랙(Mobile Rack) 등이 있다.

나. 서랍 라벨(File Drawer Labels)

    서랍 밖에서 보았을 때, 라벨에는 서랍 안의 내용물을 알 수 있도록 명칭을 붙여서 둔다. 라벨에 기록된 표제는 그 서랍 안에 보관된 자료의 범위를 알려준다.

다. 가이드(File Drawer Guide)

    폴더들을 그룹별로 구분해 각 그룹별 폴더의 제일 앞에 끼워서 세워두는 두꺼운 표지판을 말한다. 가이드는 필요한 자료를 쉽게 찾을 수 있게 하며, 폴더가 구부러지거나 차지는 것을 막아주는 역할도 한다.

라. 폴더(File Folders)와 폴더 라벨(Folder Labels)

    두꺼운 종이를 접어서 그 사이에 문서를 넣을 수 있도록 한 것으로 '파일철'이라고도 한다. 내용상 관계가 있는 문서를 한 곳으로 통합시켜서 정리한다. 폴더는 관련 가이드의 뒤에 배치하며, 최근 문서가 위에 오도록 철한다. 폴더의 내용을 표시하기 위해 폴더명을 기입하는 종이이다. 폴더에 넣어둔 서류의 이름이나 제목명을 써서 붙이고, 가이드별로 통일된 색깔의 것을 붙이면 검색에 용이하다.

마. 패스너, 레터 오픈어, 클립보드

    패스너(fastener)는 문서철의 잠금장치로 문서가 고정되게 하는 도구이며, 레터 오픈어(Letter Opener, paperknife)는 편지를 깔끔하게 개봉하는데 사용하는 칼이며, 클립보드(clipboard)는 일반적으로 결재판으로 사용하거나 문서를 클립보드의 색으로 분류하도록 사용하기도 한다.

바. 전자문서 저장매체

문서의 범주가 전자문서가 확대됨에 따라 사무관리 업무를 효율적으로 수행하기 위해서는 전자문서 저장매체의 종류와 기능 등을 이해하여야 한다.

- 자기테이프(Magnetic Tape) : 얇고 좁은 플라스틱 테이프 표면에 자성체를 발라 정보를 저장할 수 있게 한 매체이다. 동그란 릴에 감겨 있으며 테이프 드라이브에 걸어서 사용한다. 기억 용량이 크고 값이 싸며, 속도도 빠르다. 그러나 순차 접근밖에 할 수 없기 때문에 디스크와 같은 직접 접근 기억 장치보다는 느리고, 사용하기도 불편하므로 근래에는 주로 대용량의 정보를 오랫동안 저장하는 데 사용된다.

- 자기디스크(Magnetic Disk) : 보통 레코드판과 같은 원판을 여러 장 동일 축에 고정시키고 그 판의 양면에 정보를 기록하는 디스크이다. 각 면에 1개의 자기 헤드가 있어 회전하는 면 위를 이동(seek)하면서 정보를 기록하고 읽는다. 일반적으로 보조기억장치로써 사용되는데, 액세스 시간이 짧고 대량 정보를 기억할 수 있다. 자기디스크는 안정된 고밀도 기록을 할 수 있고 기록 직후 재생이 가능하다.

  • Floppy Disk : 자성 물질로 입혀진 얇고 유연한 원판으로 플로피 디스크 장치에 정보의 저장 수단으로 사용되는 매체이며 디스켓 또는 플랙시블 디스크라고도 한다. 고정 디스크와 달리 컴퓨터 사용 중에 임의로 디스크를 갈아 끼울 수 있고 가격이 저렴한 특징 때문에 개인용 컴퓨터(PC) 등에 널리 쓰인다. 8인치(20.32cm) 표준형에 부가하여 5.5인치(13.97cm)의 소형 플로피 디스크도 개발되었다.

  • Hard Disk : 알루미늄 또는 플라스틱판의 표면에 자기 물질을 얇게 입힌 것으로 보통 5.25인치(약 13.34cm)의 데이터 기록면을 가진 디스크이다. 크기와 모양이 레코드판과 같다. 비휘발성, 임의접근이 가능한 컴퓨터의 보조 기억 장치로 플로피 디스크와 같은 자기 기록 매체이나, 플로피 디스크와 다르게 금속재질의 플래터에 기록하기 때문에 단단하다는 뜻으로 하드라는 이름

이 붙었다.

- Optical Disk(광디스크) : 광학적 방법에 의해 데이터를 기록하고 재생할 수 있는 원반으로 된 디지털 정보 기억 매체이다. 아크릴 수지 기판 위에 알루미늄 등 금속의 기록 막이 입혀져 있으며 기록 막 위의 트랙에 레이저 광선으로 요철(凹凸)을 만들어 1 또는 0을 기록하고, 레이저 광선을 비추어서 얻어지는 반사광 또는 투사광을 검출하여 기록된 데이터를 판독한다. 1980년대 후반에 기가바이트(GB)급의 용량을 갖는 디스크가 개발되었다.

  • CD-ROM (Compact Disk Read Only Memory) : 광디스크는 레이저 기술의 발달과 함께 1980년대 초에 실용화하여 공(空) 디스크에 음악 이외에 텍스트, 화상, 컴퓨터 데이터 등을 기록하여 개인용 컴퓨터의 외부 기억 장치로 사용할 수 있게 한 것으로, 사용자 자신이 데이터를 기록할 수는 없고 읽기 전용으로 사용할 수 있는 것이다.

  • CD-R (Compact Disk Recoderable) : 기록 가능 콤팩트 디스크로 CD-ROM 기록기(writer)라는 기록 장치를 사용해서 CD에 데이터를 기록할 수 있다. 기록된 디스크는 그대로 CD 플레이어나 CD-ROM 드라이브로 재생할 수 있기 때문에, 데이터의 백업이나 조정이 불필요한 데이터의 저장을 위한 매체로 기업체 등에서 이용하는 사례가 늘고 있다.

  • WORM (Write Once Read Many) : 한 번 기록 가능 여러 번 판독 가능의 뜻으로, 사용자가 한 번 데이터를 기록할 수는 있으나, 한 번 기록된 데이터를 소거하거나 갱신하는 것은 물리적으로 불가능한 성질을 갖는 광디스크이다. 일반적으로 약어로 불리며 웜으로 읽는다. 대용량의 기억 매체이고 기록된 데이터가 삭제되거나 변경될 수 없기 때문에, 보전 의무가 있는 대용량의 데이터를 실수로 삭제하거나 변경하면 곤란한 대용량의 데이터를 보전하거나, 대용량의 데이터를 소수의 수취인에게 배포하는 데 적합하다.

  • CD-RW (Rewritable) : 삭제 가능형 디스크(Erasable Disk)로 더 이상 수정이 되지 않는 CD-ROM 또는 단 한 번밖에 기록이 되지 않는 CD-R(WORM)과는 달리 약 1000번 이상을 기록하고 삭제가 가능하여 백업 매체로도 많이 사용된다.

  • DVD (Digital Video Disk → Digital Versatile Disc) : 보통 영화 한 편에 해당하는 약 135분의 영상과 음성을 담을 수 있는 지름 12cm 크기의 광디스크이다. 콤팩트 디스크(CD)와 같은 지름의 디스크에 현행 텔레비전 방송 수준의

화질로 영화를 담을 수 있다. 1996년 가을부터 디지털 비디오 디스크(DVD) 플레이어와 영화 소프트웨어가 발매되기 시작하였다. DVD 1매의 기록 용량은 일반 CD의 6~8배가 된다.

- Blu-Ray : DVD보다 약 10배를 저장할 수 있는 용량의 청자색 레이저를 사용하는 대용량 광디스크 규격이다. 기존 DVD가 650nm 파장의 적색 레이저를 사용하는 데 비해 블루레이 디스크는 좀 더 좁은 405nm 파장의 청자색 레이저를 사용하여 한 면에 최대 27GB, 듀얼은 50GB의 데이터를 기록한다.

- USB 플래시 드라이브(USB flash drive) : USB 포트에 꽂아 쓰는 플래시 메모리를 이용한 이동형 저장 장치이다. USB(Universal Serial Bus)는 컴퓨터와 주변 기기를 연결하는 데 쓰이는 입출력 표준이다.

- 외장 하드 디스크 : 외장형 케이스에 하드 디스크를 결합한 제품을 일컬어 부르는 말로서, 컴퓨터에 장착하면 하드 디스크 형태로 인식한다.

- 플래시 메모리(flash memory) : 전기적으로 데이터를 지우고 다시 기록할 수 있는 비휘발성 컴퓨터 기억 장치로 대표적인 활용 예로는 디지털 음악 재생기(MP3), 디지털 카메라, 휴대 전화를 들 수 있다.

- SSD(Solid State Drive, 반도체 드라이브) : 반도체 기억 소자인 낸드 플래시 메모리로 구성된 저장장치이다. HDD가 자기 디스크와 구동 장치로 구성된 것과 달리 SSD는 구동장치가 없어 소음이 없고, 데이터 처리 속도가 빠르다. HDD를 대신해서 노트북 컴퓨터나 차세대 모바일 제품의 대용량 기억 장치로 사용되고 있다.

- 클라우드 컴퓨팅(Cloud Computing) : 인터넷 기술을 활용하여 가상화된 정보기술(IT) 자원을 서비스로 제공하는 컴퓨팅서비스이다. 정보가 인터넷상의 서버에 영구적으로 저장되고, 데스크톱·태블릿컴퓨터·노트북·넷북·스마트폰 등의 IT 기기 등과 같은 클라이언트에는 일시적으로 보관되는 컴퓨터 환경을 뜻한다. 사용자는 IT 자원(소프트웨어, 스토리지, 서버, 네트워크 등)을 필요한 만큼 빌려서 사용하고, 서비스 부하에 따라서 실시간 확장성을 지원받으며, 사용한 만큼 비용을 지불하는 컴퓨팅을 말한다.

3. 스마트 Office

스마트워크라는 용어는 원격근무(telework)를 포괄적으로 적용하는 개념이며(양인숙, 홍필기, 박지순, 김난주, 2011), 원격근무가 확장되고 발전된 개념이다(조무호, 2017). 스마트워크와 관련하여 유사한 근로형태에 대해서 그동안 스마트워크, 원격근무, e-work 등 다양한 용어가 혼재되어 사용되어 왔고, 그 개념도 일관성 없게 정의되어 왔다(김경태, 2019). 미국은 근로자의 통근을 대신하는 개념으로 telecommuting이라는 용어를 사용하고 있으며, 유럽은 기존 근무장소와 분리가 된다는 의미로 telework을 주로 사용한다. 우리나라에서는 이러한 용어가 원격근무, 재택근무 등으로 번역이 되어져 왔다. 원격근무는 국립국어원에서 스마트워크에 대한 순화어로 선정한 용어이기도 하다(국립국어원, 2010).

스마트워크는 스마트(smart)와 일(work)의 합성어로서 스마트(smart)의 사전적 의미는 '똑똑한', '영리한'의 의미를 가지고 있다. 그러나 소프트웨어나 하드웨어에 관해서 스마트를 사용하는 경우에는 지금까지는 기대할 수 없었던 정도의 정보처리능력을 가지고 있음을 의미하는 의미로 사용된다(한국정보통신기술협회, 2020). 스마트폰이나 태블릿PC와 같이 경량화되고 기대 이상의 정보처리 능력을 가진 기기를 업무에 활용하면서 스마트기기라는 용어가 생겨났고, 그 결과 스마트워크라는 용어도 보편화된 것으로 볼 수 있다. 따라서 스마트워크를 정의함에 있어서 스마트기기를 업무에 활용한다는 점은 반드시 포함되어야 할 내용이라 할 수 있다. 또한 스마트워크가 가지는 추가적인 특징은 원격근무로서의 성격을 반드시 띨 필요는 없다는 것이다. 스마트워크의 경우는 공간의 제약에 얽매이지 않는 보다 폭넓은 개념으로 주로 정의되고 있다.

스마트워크는 국가차원에서 저출산·고령화 시대의 노동력 부족을 근무시간과 방식의 유연화를 통해 해소하고, 조직차원에서는 사무공간감소를 통해 비용절감과 생산성 향상을 가져다주며, 개인차원에서는 효과적인 시간관리와 출퇴근 시간 절감을 통해 일과 삶의 균형을 달성하게 해주는 장점을 가지고 있다(유상인, 이소현, 김희웅, 2013).

스마트워크의 유형은 근무 장소나 근무 형태에 따라 재택근무(홈오피스), 스마트워크센터(원격사무실) 근무, 모바일 근무(모바일 오피스), 스마트 오피스(원격회의, 원격협업)로 구분할 수 있다(국가정보화전략위원회, 2011). 이중 재택근무는 자택에 업무를 수행할 수 있는 공간과 필요한 시설 및 장비를 구비하여 근무하는 방식이고, 스마트워크센터 근무는 원거리에 있는 직장 대신 집 근처에 위치한 사무실과 유사한 환경으로 마련된 별도의 스마트워크센터에서 근무하는 것을 의미한다. 모바일 근무는 이동 중이거나 또는 현장에서 스마트폰 등 모바일 스마트기기 등을 이용하여 실시간 업무 처리하는 근무방식이고, 스마트오피스는 직장에서 기존의 사무실 환경과는 다르게 유연좌석 및 업무내용에 따라 공간 배치 등을 통해 원격협업, 원격회의 등이 가능하도록 업무효율성을 높일 수 있도록 사무환경 시설을 구축하여 근무하는 방식을 말한다(조무호, 2017).

스마트워크가 코로나 등으로 인해 근무환경이 유연해지고 다양화됨에 따라 조직구성원의 원활한 업무공유와 문서관리를 위해 스마트오피스에서 보편적으로 사용할 수 있는 소프트웨어 또는 서비스의 주요 기능을 업무에 도입하여 활용할 필요가 있다. 왜냐하면 기존의 업무방식이 개인 컴퓨터 안에 파일을 생성하고 PC의 하드디스크에 저장하고 이를 메신저나 이메일로 전송하는 방식을 사용하여 왔다면, 지금 그리고 향후의 업무방식은 클라우드 서버에 파일을 생성하고 이를 링크로 공유하며 실시간으로 공동 수정하는 시대로 변모하였다. 즉 클라우드를 이용하는 업무방식은 온라인 협업 플랫폼으로 품질과 시간을 더 빠르고 효율적으로 관리할 수 있게 해주어 많은 기업과 정부에서 클라우드 업무환경을 구축하고 있다. 이에 업무공유 서비스인 Google Office의 주요 기능을 살펴보면 다음과 같다.

구분	주요 서비스
검색 및 탐색	구글 검색, 지도, 번역, 크롬
미디어	유튜브, 크롬캐스트 등
구글 기기	픽셀(스마트폰), 스마트홈(IOT), 픽셀슬라이드(태블릿), 크롬북(노트북) 등
커뮤니케이션	지메일, 구글 챗 등
일정 및 데이터 관리	포토, 킵, 캘린더 등
스마트한 업무 처리	문서, 스프레드시트, 프리젠테이션, 드라이브 등
비즈니스	구글 애즈(광고 서비스), 애드센스(광고 수익), 애널리틱스(광고) 등

스마트 Office 업무방식을 구현하기 위해서는 Google 크롬 브라우저를 설치하고 Google 프로그램을 사용한다. Google은 클라우드에서 서비스를 바로 제공해주는 SaaS (software as a service, 서비스형 소프트웨어)이어서 해당 서비스의 웹사이트에 접속하기만 하면 바로 활용할 수 있다. 스마트 Office에서 자주 사용되는 서비스는 다음과 같다.

Icon	서비스명	설명	url
	크롬	브라우저	www.google.com
	드라이브	데이터 클라우드	drive..google.com
	메일	메일 서비스	gmail.google.com
	캘린더	달력, 일정관리	calendar.google.com
	포토	사진, 동영상 클라우드	photos.google.com
	문서	워드프로세서	docs.google.com
	프레젠테이션	파워포인트	slides.google.com
	스프레드시트	엑셀	sheets.google.com
	설문지	설문조사, 정보 수집	forms.google.com
	미트	화상회의	meet.google.com
	사이트 도구	웹 페이지 제작	sites.google.com
	킵	간단한 메모	keep.google.com
	어시스턴트	인공지능 비서 플랫폼	assistant.google.com
	번역	자동번역 서비스	translate.google.com
Google Trends	트렌드	빅데이터 분석	trends.google.com

가. 공유 플랫폼

- 드라이브
  - 공유 폴더 만들기
    - ◇ [드라이브]-[새로 만들기]-[폴더]-[폴더이름 입력]-[폴더 클릭]-[오른쪽 마우스 클릭]-[공유]-공유할 사용자 추가
    - ◇ 공유한 폴더만 공유하여 협업

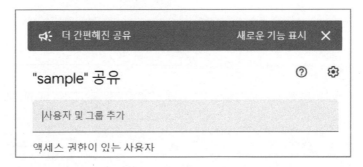

    - ◇ 구글 문서, 프레젠테이션, 스프레드시트, 설문 등의 문서 생성시 모두 구글 드라이브에 자동 저장됨. 문서별 또는 업무별로 폴더 생성하여 파일관리

- 킵
  - 기사 및 정보 스크랩
    - ◇ 크롬 웹 스토어-keep 검색-google keep 확장프로그램-chrome에 추가

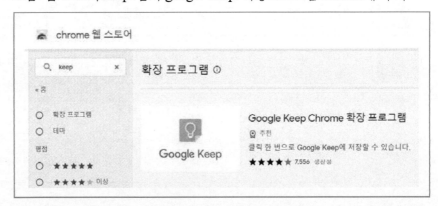

◇ 기사검색-[메모]-[기사링크 복사]-[제목 쓰기]

◇ 기사내용 일부 스크랩 : 기사본문에서 텍스트 선택-[save selection to keep]

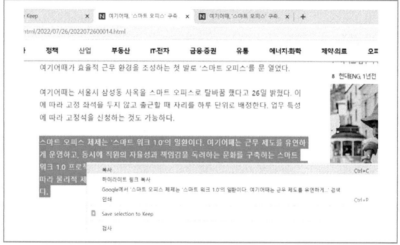

나. 커뮤니케이션

- 메일
  - 이메일 서명 등록
    - ◇ 오른쪽 상단-[설정]-[모든 설정 보기]-[기본 설정]-[서명]-[새로 만들기]-[새 서명 이름 지정]

  - ◇ 회사 또는 개인정보 입력

  - ◇ 서명 기본값 설정
  - ◇ 변경 사항 저장
  - 문구, 반복 답장 템플릿
    - ◇ 메일 작성시 자주 사용하는 상용구 또는 내용을 템플릿으로 등록
    - ◇ [설정]-[모든 설정 보기]-[고급]-[사용]

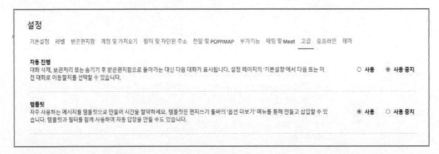

◇ [템플릿]-[템플릿으로 임시보관 메일 저장]-[새 템플릿으로 저장]

◇ [새 메일] 작성-[더 보기]-[템플릿]

- 미트
  - [새 회의]-[즉석 회의 시작] 또는 캘린더에서 화상회의 시작하기

  - 화면 공유 : [발표시작]
  - 회의 영상 녹화 : [관리 콘솔/admin.google.com]-[앱]-[G suite]-[Google Meet]-[녹화 중]-[사용자가 회의를 녹화하도록 허용합니다] 체크-[더 보기]-[회의 녹화 시작]

- 트렌드
  - [검색어 입력]-[비교 검색어] 추가 입력

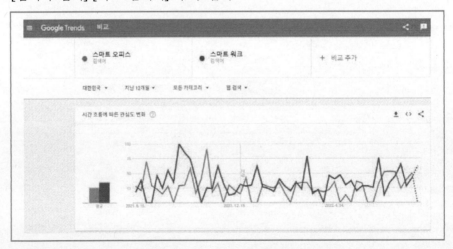

다. 문서 도구

- 문서
  - 문서 번역 : [도구]-[문서번역]

  - 문서 공유 : 오른쪽 상단 [공유] 클릭 후, [사용자 및 그룹과 공유] 또는 불특정 다수와 공유하려면 [링크보기]

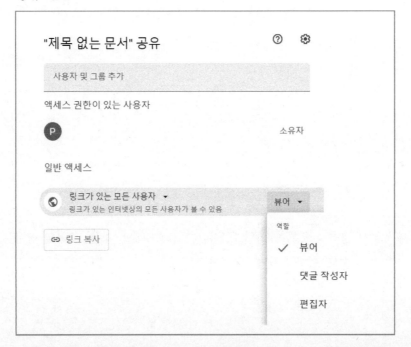

"프로젝트 제안서" 공유

사용자 및 그룹 추가

액세스 권한이 있는 사용자

P   소유자

일반 액세스

🔒 제한됨 ▾
        액세스 권한이 있는 사용자만 링크로 열 수 있습니다.

🔗 링크 복사   완료

• 공유 권한

"제목 없는 문서" 공유

사용자 및 그룹 추가

액세스 권한이 있는 사용자

P   소유자

일반 액세스

🌐 링크가 있는 모든 사용자 ▾   뷰어 ▾
        링크가 있는 인터넷상의 모든 사용자가 볼 수 있음

🔗 링크 복사   역할

                                                      ✓ 뷰어

                                                         댓글 작성자

                                                         편집자

구분	문서보기	댓글	제안	수정
뷰어	◎	X	X	X
댓글 작성자	◎	◎	◎	X
편집자	◎	◎	◎	◎

• 댓글 추가 : 공유문서 의견 추가, 문서작성자가 [제안 수용] 또는 [제안 거부] 선택

◇ 이미지 파일 텍스트로 전환 : 구글 드라이브에 이미지 업로드-[이미지] 클릭-[오른쪽 마우스] 클릭-[연결앱]-[Google 문서] 클릭

- 프레젠테이션

- 스프레드시트

- 설문지

- 질문 유형
    - 단답형 : 한 줄 이내로 짧은 답변을 받을 때 사용
    - 장문형 : 소감 등 긴 문장으로 답변을 받을 때 사용
    - 객관식 질문 : 여러 보기 중에서 하나만 선택
    - 체크박스 : 여러 보기 중에서 중복해서 선택
    - 드롭다운 : 여러 항목을 펼쳐서 그 중에서 하나만 선택
    - 파일 업로드 : 설문 참여자에게 사진, 신분증 사본 등 첨부파일을 받을 때 사용
    - 선형배율(직선 단계) : 개인의 주관적인 답변을 수치로 평가할 때 사용(척도 선택 가능)
    - 객관식 그리드 : 선형배율 유형의 질문을 여러 개 활용할 때 사용
    - 체크박스 그리드 : 객관식 그리드와 같지만 답변을 2개 이상 선택할 때 사용
    - 날짜·시간 : 설문 참여자가 원하는 날짜나 시간을 조사할 때 사용

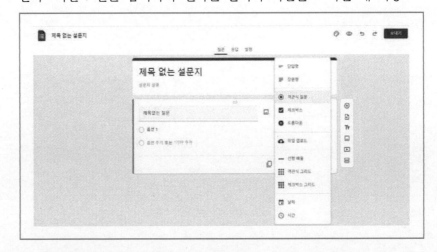

- 설문지 디자인 : [테마 맞춤 설정]-[머리글]-[이미지 선택]-테마, 업로드, 사진 중에서 선택하여 디자인
- 설문지 공유 및 보내기 : 오른쪽 상단 [보내기] 메뉴 클릭, [이메일, URL(압축가능), HTML] 형식 중 선택하여 공유 가능

- 설문조사 결과 data 저장 : 설문 시작과 동시에 구글 드라이브에 해당 설문지가 들어간 폴더 자동 생성, 첨부파일은 해당 설문지가 있는 폴더 안에 새폴더로 저장
  ◇ 응답결과 보기 : 요약, 개별보기 가능, 응답 메뉴의 오른쪽 상단의 스프레드시트 모양 아이콘 누르면 설문결과를 스프레드시트 파일로 생성 가능

4.   스크랩(Scraps)과 클리핑(Clipping)

　　최근 직장인의 사무관리 업무는 광범위하게 정보관리 업무라고도 할 수 있다. 조직 내 외에 산재한 정보를 검색하고 활용하여 업무생산성을 제고하여 업무능력을 향상시켜 경 영성과 창출에 기여할 수 있다. 조직구성원으로서 접하는 정보는 인터넷, 신문, 정기간행 물, 전문서적, 보고서, 기관에서 발행하는 각종 통계자료, 회의록, 홍보자료 등이 있다. 이 러한 정보들은 스마트 기기를 이용하여 즉시 가공·전달도 가능하다. 정보매체 중 가장 신속하게 정보를 수집하는 방법 중 하나가 뉴스를 통한 정보수집이다. 특별히 신문은 상 사들이 신뢰하는 정보원으로 신입사원들이 관심을 가지고 정보관리를 해야 할 필요가 있 다. 스크랩의 방법은 전통적인 아날로그식 방법과 인터넷을 통한 신문 스크랩 프로그램을 활용하는 방법이 있다.

가. 전통적 스크랩의 일반 원칙

　　조직의 환경 또는 상사의 선호도에 따라 신문 원본으로 정보수집을 원하는 경우 바인더, 폴더 등의 사무관리도구를 활용하여 스크랩할 수 있다. 스크랩은 항상 몇 가지 주제로 구분하여 정리해야 하며, 기사의 내용에는 반드시 출처(정보원)와 날 짜 정보가 포함되어야 한다. 전통적 스크랩의 절차는 다음과 같다.

- 스크랩하고자 하는 주제를 분류한다.
  ex) 인물 동정, 관련 업종 현황, 주가 등

⇩

- 주제별로 관련된 신문의 기사, 사진 등을 수집한다.
- 구독하고 있는 일간지 및 정기 간행물 등을 일반적인 대상으로 한다.

⇩

- 필요한 부분을 오리거나 복사하여 분야별로 배치한다.
- 오릴 때에는 뒷면을 조심하고 필요 없는 복사가 되지 않도록 유의한다.

⇩

- 수집한 자료에 관련된 설명을 기록한다.
- 자료원에 대한 설명을 기입한다. ex) ○○일보 22. 8. 15. 3면
- 내용에 대한 간단한 요약을 적거나, 형광펜으로 표시한다.
- 전문용어 또는 약어의 개념을 정리 요약한다.

⇩

- 정리한 자료를 같은 종류끼리 차례대로 보기 좋게 스크랩한다.
- 주제별로 간지를 사용하거나 색 견출지 등으로 구분하여 배치한다.

⇩

- 표지에 알맞은 제목을 붙인다.
- 배치된 기사의 제목을 눈에 띄게 붙이거나 기입한다.

⇩

- 정해진 보관과 폐기 주기에 따라 관리한다.
- 신문 스크랩은 1주일 또는 한 달 주기로 적절히 폐기하여 공간을 낭비하지 않는다.

다. 인터넷을 통한 스크랩

최근에는 인터넷을 이용하여 뉴스 클리핑하는 방식으로 기사를 정리하고 있다. 개별 언론사의 기사를 스크랩하는 전통적인 스크랩 방식과는 달리 인터넷 기사를 통해 단일 사건에 대한 다양한 관점의 기사를 수집하여 아카이브(archive)할 수 있다. 국내 뉴스를 무료로 검색가능한 웹사이트는 한국언론재단의 카인즈(www.kinds.or.kr)가 대표적이다. 카인즈는 종합일간지를 비롯하여 경제지, 영자지, 지방일간지, TV 방송뉴스, 시사잡지까지 검색할 수 있는 종합 뉴스 데이터베이스이다.

또한 포탈사이트에 로그인을 통해 주제어, 키워드를 등록하면 자동으로 관련 기사를 이메일로 전송해주는 서비스(ex. Google Alert)를 활용하면 등록한 주제어의 뉴스를 이메일로 매일 수신할 수 있다. 이외에도 네이버 뉴스 라이브러리(https://newslibrary.naver.com) 서비스를 이용하면 과거 특정 날짜의 과거뉴스를 검색이 가능하며, 이 서비스는 키워드 검색, 기간지정 검색 등을 통해 검색하고자 하는 뉴스들을 검색하여 '마이스크랩' 메뉴에 저장하여 관리할 수 있다. 뉴스를 보는 방법을 선택하는 것이 가능한데 기사의 원문 또는 한글 변환 서비스를 선택하여 업무상의 필요에 따라 스크랩에 활용할 수 있다. 또한 신문사별로 회원가입을 할 경우 신문기사를 신문지 형태, PDF 파일로 검색 및 인쇄할 수 있는 서비스 등

을 제공하고 있다. 중앙일보의 경우 '뉴스 클립'이라는 서비스를 회원가입 구독자에게 제공하고 있는데 이는 시사뉴스를 기반으로 지식창고이자 상식 백과사전으로 사회에서 화두가 되고 있는 주제나 새로운 정보들에 관한 심층분석 기사를 제공하고 있다.

Chapter 07
문서의 수신과 발신

가. 일반문서의 접수와 배부

문서의 접수와 배부업무는 우선 정확하게 접수하는 데에서 시작된다. 외부에서 도착하는 모든 문서는 특정한 부서를 일원적인 창구로 하여 접수할 필요가 있으며, 접수한 것을 확인·등록한 후 관계 부서에 신속히 배부한다. 이 과정에서 분실 등의 사고가 발생하는 일이 없도록 각별히 주의하여야 한다.

문서의 접수·배부방법에는 접수된 문서를 개봉하지 않고 문서 담당부서에서 직접 수신처 앞으로 배부하는 방식과, 접수된 문서를 문서 담당부서에서 개봉하고 내용에 따라 관계 부서를 판정하여 해당 관계 부서에 배부하는 방식이 있다. 일반적으로 수신된 우편물은 우편물 기록부나 문서접수 기록대장에 접수 연월일, 발신처, 수신인, 주무과, 문서제목, 첨부물 등과 등기 우편물인 경우 등기번호를 기재하고 해당 부서나 개인에게 배부한다. 봉투에 주무부서가 표시되어 있지 않은 경우에는 개봉해서 내용을 보고 관계 부서로 보내는데, 이때는 봉투를 같이 첨부하고 간단히 메모를 해서 개봉하게 된 설명을 대신한다. 개봉 후 관계부서에 배부하는 방식은 문서 담당 부서에서 문서의 내용을 검토한 후 주관 부서를 판정하기 때문에 효율적인 문서배부가 가능하다.

나. 수신문서의 처리

비서에게 도착한 우편물 처리방법은 상사의 지시에 따라 여러 가지로 달라질 수가 있다. 비서에게 우편물 개봉을 허락하지 않는 경우는 분류만 하면 되지만 어떤 비서의 경우에는 우편물을 개봉해서 읽어보고 적절히 처리하도록 권한을 위임받기도 한다.

우편물 취급 시에 가장 중요한 것은 받는 즉시 개봉하여 내용을 파악하는 일이다. 즉시 개봉할 수 있는 문서의 종류는 비서에게 주어진 권한에 따라 달라진다. 우편물이 비서에게 전달되는 시간도 회사에 따라 다르겠지만 어느 경우라도 수신문서는 즉시 처리해야 하며, 아침의 우편물 처리는 상사가 출근하기 전에 하는 것이 좋다.

수신된 우편물 중 상사 개인에게 보내온 편지나 친전 편지 등은 개봉하지 말고 상사에게 직접 전한다. 은행, 증권회사에서 온 편지 등의 개봉 여부는 상사의 지시에 따른다. 수신문서는 받은 날짜가 중요하므로 문서는 개봉하여 서류의 여백에 접수일부인(date stamp)을 찍는다. 수신문서는 내용을 보아서 상사에게 보일 것, 다른 부서로 보낼 것, 대리로 처리할 것, 폐기할 것 등으로 나누어 처리한다.

- 상사에게 제출할 우편물은 공적인 것과 사적인 것으로 분류하고, 또 내용의 중요도에 따라서 분류한다.
- 긴급 서신, 중요 서신, 개봉하지 않은 서신은 위에 올려놓고 선전문서, 광고 등은 자료가 되는 것 이외에는 버린다.
- 청구서, 견적서, 송장 등 숫자나 금액이 기입되어 있는 것은 계산 착오나 기입 누락이 없는가를 검사한 다음 제출한다.
- 상사의 부재 시는 폴더나 큰 봉투 속에 넣어 책상 위에 놓아둔다.

비서가 처리해야 할 문서도 내용을 확인하여 중요한 것, 시급을 요하는 것과 그렇지 않은 것으로 분류한다. 사후 처리를 필요로 하는 업무는 메모하여 티클러 파일의 필요한 날짜에 끼워두거나 탁상일기에 메모해 둔다. 동봉물의 표시가 있는 경우에는 봉투 속에 실제로 들어 있는 것과 대조해 본다. 청구서나 견적서 등의 경우는 혹 계산이 잘못된 것이 없나 검토해 보아야 하며, 수표나 우편환으로 송금이 왔을 때는 편지에 적혀 있는 액수와 같은가를 확인하여야 한다. 수신된 편지가 이쪽에서 보낸 편지의 답장일 경우에는 발신했던 편지의 사본을 찾아 첨부해 두고 상품 안내서나 광고문은 그 내용이 상사에게 필요하겠다고 생각되는 것에 한해서 적절한 때에 전달하도록 한다.

상사 부재중 우편물 처리방법

- 상사 부재중에 수신한 회의 참석통지서나 초대장, 또는 상사의 의견이 필요한 우편물은 적절한 시기를 놓치지 말고 답해 준다.
- 출장 중인 상사에게 우편물을 보낼 때는 분실상황에 대비하여 복사본을 마련해 놓고, 상사의 대리권자에게 우편물을 보낼 경우에는 복사본을 전한다.
- 출장 중인 상사에게 우편물을 보낼 경우에는 '수신우편물 요약지'를 작성하여 함께 송부한다.
- 상사 부재중의 우편물은 회신을 내지 않고 상사의 처리를 기다리는 우편물, 사내의 다른 직원에 의해 처리된 우편물 및 처리결과, 그리고 비서가 회신한 편지와 답장 복사본으로 분류하여 정리한다.
- 상사 부재 시 처리한 우편물에 대해 보고할 경우에도 '수신우편물 요약지'를 작성하여 함께 제시한다.

 봉투의 처리

봉투의 처리는 조직마다 그 특성에 따라 다르겠으나 하루 정도 보관하고 폐기하는 것이 일반적이며, 다음과 같은 경우에는 봉투를 보관하여야 한다.

- 편지 속의 발신인 주소와 봉투의 주소가 다른 경우 보관한다.
- 잘못 배달된 편지가 회송되어 왔을 경우 이쪽에서 회신이 늦어지게 되는 이유가 되므로 봉투를 그 증거로 보관한다.
- 편지 겉봉에 찍힌 소인의 날짜와 편지 안에 적힌 날짜가 차이가 많이 나는 경우 보관한다.
- 편지 속에 발신자의 주소와 성명이 없을 경우 보관한다.
- 동봉물이 있어야 할 우편물에 동봉물이 보이지 않을 경우 재차 조사해야 할 필요가 있으므로 보관한다.
- 입찰이나 계약서 등의 서류 봉투에 찍힌 소인은 법적 증거가 되므로 보관한다.

다. 공문서의 접수와 공람

① 접수

문서는 처리과에서 접수하고 접수한 문서는 접수일시와 접수등록번호를 접수란에 표시한다. 접수란이 없거나 전자적으로 표시할 수 없는 문서인 경우에는 두문의 오른쪽 여백에 '접수인'을 찍고 접수일시와 접수등록번호를 적는다.

	접수인
접수	(. . . :)

 접수인 사용법

- 접수란의 크기는 기관에 따라 적절하게 조정하여 사용한다.
- 접수란의 첫째 줄에는 접수등록번호를 적되, 처리과명과 연도별 일련번호를 붙임표(-)로 이어 적는다. 예시) 총무과-45
- 접수란의 둘째 줄 괄호 안에는 접수일을 적는다. 다만, 민원문서 등 필요한 경우에는 시·분까지 적는다. 예시) 2022. 12. 15. 또는 2022. 12. 15. 15:30

문서과에서 받은 문서는 문서과에서 접수일시를 전자적으로 표시하거나 적고 지체 없이 처리과에 배부하여 접수하게 하여야 한다. 이 경우 접수 등록번호는 처리과에서 전자적으로 표시하거나 적는다. 단, 접수란이 없거나 종이문서인 경우에는 두문의 오른쪽 여백에 접수인을 찍어 기재한다.

문서의 접수 및 배부 경로에 관한 정보는 「공공기록물 관리에 관한 법률 시행령」 제20조에 따른 등록정보로 관리하여야 한다. 둘 이상의 보조(보좌)기관 관련 문서는 관련성이 가장 높은 보조기관 또는 보좌기관에서 그 문서를 접수하여야 한다. 문서과에서 해당 문서를 받게 되면 그 관련성이 가장 높다고 판단되는 보조기관 또는 보좌기관에 보내야 한다. 그 문서를 접수한 처리과에서는 관련이 있는 보조기관 또는 보좌기관에서 소관 사항을 처리할 수 있도록 문서의 내용을 처리과의 장(처리과가 소속된 보조기관 또는 보좌기관 포함)의 명의로 통보하여야 한다.

② 공람

처리과의 문서 수신·발신 업무 담당자는 접수한 문서를 처리담당자에게 인계하고 처리담당자는 해당 문서에 대한 공람할 자의 범위를 정하여 문서를 공람하게 할 수 있다. 공람 대상 문서는 다음과 같다.

- 결재권자로부터 처리지침을 받아야 할 필요가 있는 문서
- 민원문서
- 행정기관이나 보조기관 또는 보좌기관 간의 업무협조에 관한 문서
- 접수된 문서를 처리하기 위하여 미리 검토할 필요가 있는 문서
- 그 밖에 신상(身上), 교육·훈련 등과 관련하여 알아야 할 필요가 있는 문서

문서 공람의 순서에 대한 특별한 규정을 두고 있지 않으며, 업무관리시스템 또는 전자문서시스템 상에서 공람하였다는 기록(공람자의 직위 또는 직급, 성명 및 공람일시 등)이 자동으로 표시되도록 한다. 공람을 하는 결재권자는 문서의 처리기한 및 처리방법을 지시할 수 있으며 필요하면 업무분장에 따른 담당자 외에 그 문서의 처리담당자를 따로 지정할 수 있다.

2. 문서의 발신

가. 일반 원칙

발신문서는 복사본(Copy)을 만들어 보관하는 것이 원칙이다. 전자결재된 문서는 전자문서 보관함에 자동 보관되지만 자필서명이나 직인이 찍힌 문서는 발송 전에 반드시 복사본을 만들어야 한다. 문서의 수신인 주소가 정확한지의 여부를 다시 한번 확인하여야 한다. 같은 종류의 문서가 여러 통일 경우에는 발송지 실수하기 쉬우므로 봉투와 문서의 수신인 주소가 같은지를 확인한다. 다. 동봉물(첨부 서류)이 있을 때는 확실하게 넣었는가를 확인하여야 한다. 각 종류의 동봉물(청구서, 영수증, 자료 등)을 각각 다른 편지에 동봉할 때 바꿔 넣지 않도록 유의한다. 특별우편물은 봉투에 특별 우편물의 표기를 한다. '친전(Personal & Confidential)', '속달(Express)', '등기(Registered)' 등을 기입하든가 고무인 등을 찍는다. 다른 우편물과 섞일 염려가 있을 경우에는 수취인의 편의를 생각해서 '○○ 재중' 등의 표기

를 하기도 하며, 친전이라고 쓴 것은 확실히 봉한다. 또한 우편물 발송시에 사용하는 경칭에도 유의해야 한다.

경칭

- 귀중(貴中) : 관공서, 회사 등 단체인 경우 ex) 한국 주식회사 귀중
- 귀하(貴下) : 직명 또는 개인명을 붙인 직함의 경우 ex) 총무부장 귀하
- 님 또는 선생님 : 개인의 성명을 썼을 경우 ex) 고길동 님
- 각위(各位) 또는 제위(諸位) : 다수의 개인이나 법인으로 같은 문서를 받을 경우
  ex) 회원 제위

요금 별납 우편, 후납 우편은 특별히 인쇄되어 있는 봉투를 사용하거나 또는 스탬프를 찍고, 창 달린 봉투(Window Envelope)를 사용할 때에는 수신자 주소와 성명이 잘 보이도록 한다. 우편물을 봉하는 것은 풀로 단단히 붙이고 우표는 과부족이 없는 요금의 것을 반듯하게 붙여야 하고, 중요한 우편물의 발신은 비서로서 따로 발신부를 만들어서 기록해 두는 것이 후일 참고를 위해 바람직하다.

우편물 발신시 Checklist

- 우편물 겉봉의 수신인 주소와 내용물의 수신인 주소가 동일한가?
- 동봉물이 첨부되었는가? 제대로 첨부되었는가?
- 특별 우편물은 친전(personal & confidential), 속달(express), 등기(registered)
  등을 표기하여 구분하였는가?
- 초대장과 같은 시간 제약이 있는 우편물은 마감기한, 통보일자에 시간적 여유를
  두고 발송하였는가?
- 우편제도를 숙지하고 요금을 절약하였는가?
- 창 달린 봉투(window envelope)사용 시 수신자 주소와 성명이 보이도록 접었
  는가?
- 비서업무시 중요 우편물 발신부를 기록하였는가?

나. 공문서의 발신

시행문서는 직접 처리하여야 할 행정기관에 발신한다. 문서는 처리과에서 발송하되, 인편 또는 우편으로 발송하는 경우에는 문서과의 지원을 받아 발송할 수 있다. 문서는 업무관리시스템이나 전자문서시스템 등의 정보통신망을 이용하여 발신한다. 이 경우 그 발신 기록을 전자적으로 관리하여야 한다. 업무의 성질상 정보통신망을 이용하여 발신하는 것이 적절하지 않거나 그 밖의 특별한 사정이 있으면 우편·팩스 등의 방법으로 문서를 발신할 수 있으며 이 경우 발신 기록을 증명할 수 있는 관계 서류 등을 기안문과 함께 보관하여야 한다. 우편·팩스 등의 방법으로 발신하는 경우 내용이 중요한 문서는 등기우편이나 그 밖에 발신 사실을 증명할 수 있는 특수한 방법으로 발신하여야 한다. 관인을 찍는 문서가 전자문서인 경우에는 기안자나 문서의 수신·발신 업무를 담당하는 사람이 전자이미지관인을 찍고, 종이문서인 경우에는 관인을 관리하는 사람이 관인을 찍은 후 처리과에서 발송한다.

3. 우편 제도

국내 우편은 우정사업본부(http://www.koreapost.go.kr)에서 제공하는 우편제도를 숙지하고, 변동사항을 수시로 확인한다. 우편서비스로는 국내통상(서신), 소포우편, 국제우편 서비스가 있다. 기본요금은 각각 통상우편 430원(25g), 등기소포 4,000원(3Kg), 우체국 방문접수소포 5,000원(5Kg)이다(2022. 8. 기준).

가. 우편 서비스

① 국내특급우편

등기취급을 전제로 국내특급우편 취급지역 상호간에 수발하는 긴급을 요하는 우편물로서 통상의 송달방법보다 빠르게 송달하기 위하여 접수된 우편물을 약속한 시간내에 신속히 배달하는 특수취급제도로 당일특급과 익일특급으로 구분한다. 우편물 운송 여건에 따라 우체국마다 발송마감시간이 다르게 정해지니 접수시간에 대한 자세한 사항은 취급지역 우체국에 문의한다.

– 당일 특급 : 접수국에서 행선지별로 고시된 접수마감시간 이내에 접수한 우

편물을 특별운송편에 의하여 배달국까지 송달한 후 배달국에서는 가장 빠른 배달편을 이용하여 접수당일 20:00까지 수취인에게 배달한다.
- 익일특급 : 접수 익일까지 수취인에게 배달되며 토요일 및 공휴일은 배달되지 않는다.

② 민원우편

정부 각 기관에서 발급하는 민원서류를 우체국을 통하여 신청하고, 발급된 민원서류를 집배원이 각 가정이나 직장에 배달하는 제도이다.

- 이용대상 민원서류 : 258종류
  • 공사립학교 졸업증명서, 납세완납증명, 토지(임야)대장열람등본교부, 병적증명서, 경력증명서 등 행정기관 및 각급 학교에서 발급하는 민원서류
- 이용방법
  • 우체국 창구에 비치된 신청서에 민원발급신청 내용 기재(창구직원이 직접 안내)
  • 민원우편봉투를 구입(1호 70원, 2호 100원) 하여 우편으로 신청
  • 민원발급 수수료를 신청서와 동봉 발송(송금료 면제)
- 처리절차
  • 민원신청인 → 접수우체국 → 민원발급기관 배달우체국 → 민원발급기관 → 민원발급기관 접수 우체국 → 배달우체국 → 민원신청인

③ 국제 특급우편(EMS, Express Mail Service)

급한 편지, 서류나 소포 등을 가장 빠르고 안전하게 외국으로 배달해 주는 국제우편 서비스로서 지식경제부 우정사업본부가 외국의 공신력 있는 우편당국과 체결한 특별협정에 따라 취급한다. 서울에서 오전에 부치시면 도착국가에서 통관검사를 거칠 필요가 없는 우편물(서류)의 경우 동경, 홍콩, 싱가폴 등 가까운 곳은 1~2일, 기타 국가는 2~5일 이내에 배달된다. 그리고 미국, 일본, 영국, 홍콩 등 주요 국가 59개국(계속 확대 중)으로 발송한 국제특급우편물의 경우에는 국제적으로 연결된 컴퓨터망을 통하여 배달 여부가 즉시 조회 가능하다. 컴퓨터 조회가 되지 않을 경우에도 이용자가 원하면 팩시밀리나 이메일을 통하여 신속하게 조회하고 그 결과를 알려준다. EMS 행방조회는 http://www.koreapost.go.kr 또는 http://ems.epost.go.kr에서 확인할 수 있다.

- 종류
  - 계약국제특급우편(Contracted Service) : 고객이 우체국과 미리 계약을 체결하고 그 계약에 따라 우체국에서 EMS 우편물을 수집 · 발송
  - 수시국제특급우편(On-demand Service) : 고객이 지정된 우체국에서 수시로 국제특급우편물을 발송하며, 도착한 EMS 우편물은 국내특급우편물의 예에 따라 배달
- 이용방법 : 우체국에서 무료로 제공해 드리는 주소기표지에 발송인과 수취인의 주소/성명/전화번호/내용품명/수량/내용품가격 등을 정확히 적어 우편물에 붙여 제출한다.

 국제 특급 우편 : 보낼 수 있는 품목 vs. 보낼 수 없는 품목

편지, 각종서류, 선물 및 상품 등을 최고 30kg까지 보내실 수 있습니다. 다만, 호주, 필리핀, 아르헨티나, 방글라데시 등 일부 국가의 경우 취급 중량을 20Kg 이하로 제한하기도 한다. 도착국가별 취급금지품목 등 자세한 내용은 우체국에 문의한다.

보낼 수 있는 품목	보낼 수 없는 품목
• 업무용 서류 (Official Communications)	• 동전 및 화폐 (Coins, Bank Notes)
• 상업용 서류 (Commercial Papers)	• 송금환 (Money Remittances)
• 컴퓨터 데이타 (Computer Data)	• 유가증권류 (Negotiable Articles)
• 상품견본 (Business Samples)	• UPU(Universal Postal Union) 일반 우편 금지 물품
• 마그네틱 테이프 (Magnetic Tape)	• 취급상 위험하거나 다른 우편물을 오염 또는 파손시킬 우려가 있는 것
• 마이크로필름 (Microfilm)	• 마약류 및 향정신성 물질
• 상품 (Merchandise : 나라에 따라 취급을 금지하는 경우도 있음)	• 폭발성 · 가연성 또는 위험한 물질 (페인트, 잉크 등)
	• 외설적이거나 비도덕적인 물품 등
	• 가공 또는 비가공의 금, 은, 백금과 귀금속, 보석 등 귀중
	• 상대국가에서 수입을 금하는 물품
	• 상하기 쉬운 음식물
	• 동식물(송이버섯 등)

④ 우체국 택배(소포)

우체국을 직접 방문하여 신청할 수도 있으며(창구소포), 전화 또는 인터넷에서 택배를 신청하면 직장이나 가정을 방문하여 접수·처리한다(방문접수소포).

나. 국제 특송 서비스

해외로 서류나 물품을 보낼 때는 세계적인 서비스망을 갖춘 DHL, UPS, FedEx 등과 같은 글로벌 특송 서비스를 이용하면 편리하다. 전화로 신청하면 서류나 물품을 직접 받아다가 수취인에게 신속하고 정확하게 배달해 주는 서비스이다. 비용면에서는 우체국보다 비싸지만 시간을 다투는 상품견본이나 중요한 서류를 보내는 경우에는 자체적으로 전용항공기와 서비스망을 갖춘 국제 특송 서비스 업체를 이용하면 편리하고 안전하다. 서류와 같은 소량 우편물부터 대형 화물까지 운송가능하며 온라인으로 배달추적조회가 실시간 제공된다.

국제특송 서비스

| DHL | UPS | FEDEX |

다. 우편 용어

① 등기 : 우편물마다 접수번호를 부여(수령증 발급)하고 접수에서 배달까지 기록을 남기는 우편물로, 중요한 우편물을 보낼 때 이용한다.

② 계약등기 : 등기취급을 전제로 우체국장과 발송인과의 별도의 계약에 따라 접수한 통상우편물을 배달하고, 그 배달결과를 발송인에게 전자적 방법 등으로 통지하는 특수취급제도이다.

　－ 일반형 계약등기 : 등기취급을 전제로 부가취급서비스를 선택적으로 포함하여 계약함으로써, 고객이 원하는 우편서비스를 제공한다.

- 맞춤형 계약등기 : 등기취급을 전제로 신분증류 등 배달시 특별한 관리나 서비스가 필요한 우편물로 표준요금을 적용한다.

③ 내용증명 : 우편물의 내용을 증명하여 후일 법률상의 증거로 이용하고자 할 때, 법률상의 증거를 위해 우편물의 내용을 확인하여 보내는 것으로, 발송 후 3년까지는 우체국에서 증명한다.

④ 통화등기, 물품등기 : 현금, 값비싼 물품 등을 발송할 때 이용하며, 통화등기는 100만원 이내이며 물품등기는 300만원 이내이다. 우체국까지 찾으러 가지 않고 집에서 받으며, 우체국에서 판매하는 봉투를 사용하여야 하고 우체국의 과실로 망실하였을 때에는 표기금액을 배상한다.

⑤ 유가증권등기 : 수표류, 우편환증서, 기타 유가증권을 발송할 때 이용하며, 2,000만원 이내이며 우체국에서 판매하는 봉투를 사용한다. 우체국의 과실로 망실하였을 때에는 표기금액을 배상한다.

⑥ 요금제도 : 요금 별납 우편, 후납 우편은 특별히 인쇄되어 있는 봉투를 사용하거나 또는 스탬프를 찍는다.
- 요금별납 : 개개인의 우편물에 우표를 붙이지 않는 대신 우편물 겉면에 '요금별납' 표시만을 해 요금을 현금으로 별도 납부하는 제도이다.
- 요금후납 : 정기적으로 우편물을 발송 하는 다량발송 업체의 경우 1회 방문이 마다 우편요금을 결재하는 번거로움을 해소하기 위하여 매월 100통 이상 접수 시 고객에 한하여 발송우체국과 사전에 우편요금을 월 1회 결재할 것으로 계약을 체결하여 우편요금 납부하도록 하는 제도이다.

(지름 : 2.5센티미터 내지 3센티미터)

[보내는사람]

세종특별자치시 도움5로 (어진동)

우정사업본부장

| 3 | 0 | 1 | 1 | 4 |

세종우체국
요금별납

[받는사람]

서울 종로구 종로6 (서린동)

광화문우체국장 귀하

| 3 | 0 | 1 | 1 | 4 |

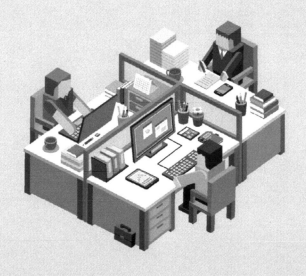

Part Ⅲ

슬기로운 공문서

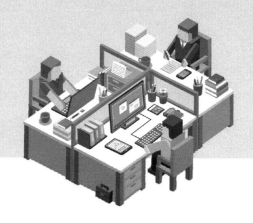

Chapter 08
슬기로운 결재

조직구조의 이해

가. 정부조직도

공문시에 대해 살펴보기에 앞서 정부조직과 각 기구의 역할에 대해 이해할 필요가 있다. 2022년 3월 기준으로 정부 24에 나타난 정부기구는 18부 4처 18청 6위원회, 2원 4실 2처 1위원회로 구성되어 있다. 중앙행정기관은 정부조직법에 의해 설치된 부·처·청을 말하며, 국가행정사무를 담당하기 위하여 설치된 행정기관으로서 그 관할권의 범위가 전국에 미치는 기관을 말한다. 행정각부는 대통령 및 국무총리의 통할 하에 고유의 국가행정사무를 수행하기 위해 기능별 또는 대상별로 설치한 기관이며, 처는 국무총리 소속으로 설치하는 중앙행정기관으로서 여러 부에 관련되는 기능을 통합하는 참모적 업무를 수행하는 기관이다. 청은 행정각부의 소관사무 중 업무의 독자성이 높고 집행적인 사무를 독자적으로 관장하기 위하여 행정각부 소속으로 설치되는 중앙행정기관이다.

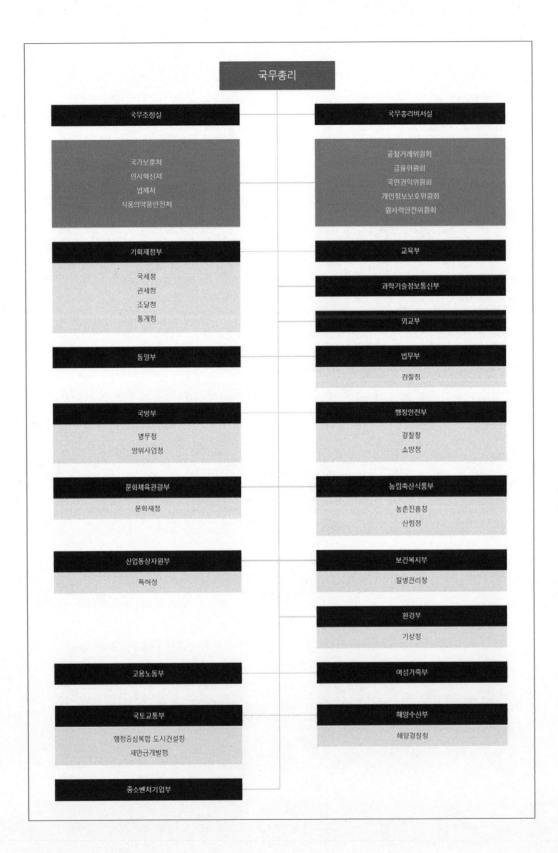

국무총리

| 국무조정실 | 국무총리비서실 |

| 국가보훈처
인사혁신처
법제처
식품의약품안전처 | 공정거래위원회
금융위원회
국민권익위원회
개인정보보호위원회
원자력안전위원회 |

기획재정부	교육부
국세청 관세청 조달청 통계청	과학기술정보통신부
	외교부

| 통일부 | 법무부 |
| | 검찰청 |

| 국방부 | 행정안전부 |
| 병무청
방위사업청 | 경찰청
소방청 |

| 문화체육관광부 | 농림축산식품부 |
| 문화재청 | 농촌진흥청
산림청 |

| 산업통상자원부 | 보건복지부 |
| 특허청 | 질병관리청 |

| | 환경부 |
| | 기상청 |

| 고용노동부 | 여성가족부 |

| 국토교통부 | 해양수산부 |
| 행정중심복합 도시건설청
새만금개발청 | 해양경찰청 |

| 중소벤처기업부 |

다음으로 공문서의 결재를 이해하기 위해 공무원의 직급과 명칭에 대해 이해할 필요가 있다. 공무원 9급부터 1급에 이르기까지 각각의 직급별 명칭, 즉 직위가 있으며 일반 기업체와는 그 명칭이 다르다.

직급	직위	비고
1급	관리관	
2급	서기관	
3급	부이사관	
4급	서기관	과장
5급	사무관	행정고시
6급	주사	• 6급 이하 실무직 공무원의 대외직명은 '주무관'으로 한다(6급 이하 실무직 공무원 대외직명제 운영 지침).
7급	주사보	• 주무관 : 어떤 사무를 주장으로 맡아 처리하는 관리
8급	서기	
9급	서기보	

나. 조직구조

조직구조(組織構造, organizational structure)는 조직구성원들의 상호관계, 즉 조직 내에서의 권력관계, 지위·계층 관계, 조직구성원들의 역할 배분·조정의 양태, 조직구성원들의 활동에 관한 관리체계 등을 통칭한다. 조직구조는 조직 분화와 사회 변화에 따라 다양한 형태가 존재하나 편의상 결재시스템을 이해하기 위한 방법으로 피라미드형 수직적 조직구조와 수평적 조직구조로 구분하기로 한다. 수직적 조직구조는 수직적 분화가 이루어지는 조직으로 이는 조직구조의 깊이, 즉 조직의 계층수를 의미한다. 수직적 조직은 계층적 구조를 형성하여 직접 결정, 집행하는 기관으로써의 권한과 책임의 한계가 명확하여, 의사결정의 절차가 수직구조로 되어 있어 신속하고 강력한 리더십을 지니며 조직의 안정성 확보가 가능하다. 수직적 조직구조의 특징으로 주로 관료화, 집권화(centralization)로 볼 수 있는데, 집권화는 조직구성원들의 자원이나 활동의 통제와 관련이 있고, 의사결정에 있어서 실질적인 자유 재량권과 관계되는 개념이다. 집권화는 의사결정 권한의 위계 단계를 의미하는데 의사결정이 상위단계에서 이루어질 때, 조직은 집권화되어 있다고 하고, 의사결정이 하위단계로 위임될 때, 분권화되어 있다고 한다. 집권화가 높을수록 위계적이고 수직적인 조직구조라고 할 수 있다.

수평적 조직은 관료적 조직구조의 각 계층을 없애고 팀 구성원 관계를 대등하고 수평적인 관계로 간주하고 조직의 모든 업무는 팀을 중심으로 수행하며 분권화된 의사결정과 권한이양이 이루어진다. 수평적 조직에서 각 사업단위에 속한 구성원들은 조직의 일원이라는 자부심을 느낄 뿐 아니라 독자적인 업무를 할당받음으로써 주어진 일이 회사의 일이라기보다는 자기의 일로 인식할 수 있는 장점이 있다. 우리나라 경우 역시 IMF 이후 많은 조직들이 구조조정을 통해 분사(spin-off) 형태의 작은 회사로 독립하여 운영하고 있다. 실제 업무면에서도 한 조직의 테두리 안에서 공생 공존하는 정신을 가지며 운영되고 있다. 현대의 조직은 다양한 조직구조 형태를 혼합하거나 매트릭스 형태를 지니기도 한다.

조직구성원을 구분하는 방법으로 직급, 직위, 직책이 있다. 사전적으로 직급(職級)은 직무의 등급을 의미하고, 직위(職位)는 직무상에서 부여되는 사회적, 행정적 위치를 의미하며, 직책(職責)은 직무상의 책임이다. 직급은 공무원과 같이 1급~9급의 호봉제 급수를 예로 들 수 있고, 직위는 사원부터 대표이사(사장)까지의 직위체계를 말하고, 직책은 조직내에서 맡고 있는 책임에 따른 포지션으로 팀장에서 본부장, CFO(Chief Finance Officer, 재무책임자), CEO(Chief Executive Officer, 경영책임자) 등을 말한다.

공공기관을 제외한 일반 기업체에서는 일반적으로 사원, 주임, 대리, 과장, 차장, 부장, 이사, 상무, 전무, 부사장, 사장(대표이사, CEO)의 승진 경로를 거치게 되고 이러한 직위체계를 이해하면 기업의 결재체계를 이해할 수 있다. 그런데 이 체계는 수직적 조직구조와 대부대과제 내에서의 직위체계라 볼 수 있다. 한편 수평적 조직구조에서는 직책에 따라 팀장, 파트장, 부서장, 부문장, 본부장 등의 직책명이 있으며 이 직책들은 그 기능과 역할에 따라 조직내에 직위가 다를 수 있다.

2. 문서의 결재

결재란 법령에 따라 소관 사항에 대한 행정기관의 의사를 결정할 권한을 가진 자(주로 기관의 장)가 직접 그 의사를 결정하는 행위를 말한다. 문서는 해당 기관의 장의 결재를 받되, 보조(보좌)기관의 명의로 발신하는 문서는 그 보조(보좌)기관의 결재를 받아야 한다.

결재권자는 기관의 장, 기관의 장으로부터 결재권을 위임받은 자, 대결하는 자로 구분할 수 있다. 문서는 결재권자가 해당 문서에 서명(전자이미지서명, 전자문자서명 및 행정 전자서명 포함)의 방식으로 결재함으로써 성립한다. 따라서 결재는 문서가 성립하기 위한 최종적이며 절대적인 요건이다. 또한 이 결재의 표시는 기안문, 시행문에 기안자, 검토자, 협조자 및 결재권자의 직위(직급)를 온전하게 나타내고, 서명을 그대로 표시하도록 한 것은 의사결정 과정과 참여자를 알 수 있도록 하여 업무의 책임성과 투명성의 제고를 위한 것이다.

결재는 기능 순기능과 역기능을 지난다. 순기능은 첫째, 기관의 의사결정과정에서 현실적이고 실무적인 사정을 반영할 수 있으며, 둘째, 결재권자의 의사결정에 필요한 지식과 정보를 제공·보완시켜 주고, 셋째, 하위직원의 창의·연구 및 훈련의 기회로 활용될 수 있으며, 넷째, 결재과정을 통해 직원의 직무수행에 대한 통제가 가능하다. 반면 역기능은 첫째, 여러 단계의 검토 과정을 거쳐 결재에 이르기 때문에 의사결정이 지연되기 쉽고, 둘째, 상위자의 결정에 의존하기 때문에 하위자가 자기책임하에 창의성을 발휘하기 어렵고, 소극적인 자세로 업무를 처리하는 경향이 발생하며, 셋째, 결재과정이 형식적인 확인 절차에 그치는 경우도 많으며, 넷째, 상위자에게 결재안건이 몰리는 경우, 상세한 내용 검토 없이 문구 수정 정도에 그치기도 하고, 결재하느라 보내는 시간 때문에 상위자 역할인 업무 구상, 계획 수립 등에 시간을 할애하기 어렵게 된다. 이러한 역기능을 해소하기 위해서는 결재권을 하위자에게 대폭적으로 위임하고, 검토 과정이나 업무처리 절차를 간소화하고, 안건에 따라서는 상위자가 직접 기안하거나 처리지침을 지시한다.

가. 정규결재

문서의 기안작성자로부터 최고결재권자(기관장)까지 정상적인 절차를 거쳐 결재하는 형태로 기관장의 직위를 기재하고 결재란에 서명날짜와 함께 서명한다.

정규결재				
				8/16 ㊞
사원 홍길동	대리 정성태	부장 이우성	상무 허정재	대표이사 김만식

나. 전결(專決)

사무처리의 신속과 능률을 목적으로 위임 전결(행정기관의 장으로부터 위임을 받은 자가 행하는 결재)로 결재권한을 위임받은 사람이 행하는 결재를 의미한다. 즉 업무의 내용에 따라서 최고결재권자(기관장)가 권한을 위임해 준 사람이 행하는 결재이다. 전결권자는 해당 직무수행에 필요한 권한과 책임을 지닌다. 전결 표시는 전결한 자의 서명란에 '전결' 표시를 하고 전결자의 서명을 한다.

전결			
			전결 8/16 ㊞
사원 홍길동	대리 정성태	부장 이우성	상무 허정재

다. 대결(代決)

대결이란 결재권자가 휴가, 출장, 그 밖의 사유로 상당한 기간 부재중이어서 결재할 수 없을 때, 그 직무를 대리하는 자가 행하는 결재를 말한다. 즉 대결은 업무상 긴급한 상황일 경우 그 일을 대리하는 자가 대리로 하는 결재를 의미한다. 각 기관에서 직무상 공백을 없게 하며 그 책임을 명백히 하기 위해 직무 대리에 관한 사항을 직무대리 규정 미리 설정하고 있는데, 법정대리, 지정대리 등의 직무대리규정에 의해 어떤 직무를 대리하는 자가 대결을 한다. 대결한 문서 중 그 내용이 중요한 문서에 대하여 결재권자에게 사후에 보고한다. 최고결재권자(기관장)을 대결하는 경우에는 대결하는 자의 서명란에 '대결'을 표시하고 대결권자가 서명하고, 서명하지 않은 기관장의 결재란은 표기하지 않는다. 위임전결의 대결을 하는 경우에는 기관장의 결재란을 표기하지 않고 전결권자의 서명란에 '전결'을 기재하고 전결문서임을 표시한다. 전결권자를 대결하는 자의 서명란에는 '대결'을 표시하고 대결권자가 서명한다.

기관장 대결			
			대결 8/16 ㊞
사원 홍길동	대리 정성태	부장 이우성	상무 허정재

위임전결의 대결			
		대결 8/16 ㊞	전결
사원 홍길동	대리 정성태	부장 이우성	상무 허정재

라. 후결(後決), 후열(後閱), 사후보고

후결은 최종 결재권자가 부재중이거나 특별한 사정에 의해 결재를 할 수 없을 때 최종 결재권자의 차하위자의 결재로서 우선 시행하게 하고 사후에 결재권자의 결재를 받는 조건부 대결로 대결 후 결재권자가 문서의 내용 검토하였다. 후결은 결재란에 '후결'을 표시하고, 결재권자가 서명하고 문서 수정이 가능하였다. 그러나 후결은 문서의성립 또는 효력에 영향을 주는 결재행위였는데, 선 행정행위(대결)와 후 행정행위(후결) 사이에 법적 안정성을 해치는 문제점이 있어, 1984년 「정부공문서규정」을 개정하여, '후결'을 폐지하고 '후열(後閱)'로 변경하였다. 후열은 결재란에 '후열' 표시하고 결재권자가 서명하고, 문서 열람만 가능하고 수정이 불가하였다. 1999년 「사무관리규정」을 개정하여 '후열' 대신 '사후보고'로 변경하였다. 사후보고는 정해진 보고방법 없어 구두보고, 메모보고 등이 가능하며 서명이 필요하지 않다.

마. 선결(先決)

시행문을 접수하여 결재권자가 최초로 결재이나 선결(先決) 제도는 1970. 9. 18. 「정부공문서규정」의 개정을 통해 처음 도입된 후, 「사무관리규정」 개정으로 1999. 9. 1. '선람(先覽)'으로 바뀌었으나, 2004. 1. 1.부터 폐지되었다.

---

3. 문서의 관인 또는 서명

관인은 관청의 이름 또는 관직의 이름으로 직무상 사용하는 도장을 통틀어 이르는 것이다. 「행정 효율과 협업 촉진에 관한 규정」에서는 합의제 기관의 명의로 발신하거나 교부하는 문서에 사용하는 청인(廳印)과 기관의 장이나 보조기관의 명의로 발신하거나 교부하는 문서에 사용하는 직인(職印)을 통틀어 관인이라고 말한다. 시행문, 고시·공고 문서, 임용장·상장 및 각종 증명서에 속하는 문서에는 관인(전자이미지관인 포함)을 찍거나 행정기관의 장이 서명(전자이미지관인 포함)한다. 각급 행정기관은 전자문서에 사용하기 위하여 관인의 인영을 컴퓨터 등 정보처리능력을 가진 장치에 전자적인 이미지 형태로 입력하여 사용하는 전자이미지 관인을 가진다. 기관의 장은 관인을 위조·변조하거나 부정하게 사용하지 못하도록 필요한 조치를 하여야하며, 전자이미지관인의 경우에도 그러하다.

관인은 발신 명의 표시의 마지막 글자가 인영의 가운데 오도록 찍는다. 반면, 기안자가 경미한 내용의 문서라고 결정한 문서, 즉 단순 업무처리에 관한 지시문서나 기관 간의 단순한 자료요구, 업무연락 등을 위한 문서에는 관인을 생략하는 경우 발신명의의 오른쪽에 '관인 생략'을 표시한다.

서명은 행위자가 자기의 동일성을 표시하고 책임을 분명하게 하기 위하여 문서 따위에 자기의 이름을 써넣는 것으로, 기안자·검토자·협조자·결재권자 또는 발신명의인이 공문서(전자문서 제외)상에 자필로 자기의 성명을 다른 사람이 알아볼 수 있도록 한글로 표시하는 것이다. 서명은 전자이미지서명, 전자문자서명, 행정전자서명으로 구분할 수 있다. 전자이미지서명은 기안자·검토자·협조자·결재권자 또는 발신명의인이 전자문서상에 전자적인 이미지 형태로 된 자기의 성명을 표시하는 것이고, 전자문자서명은 기안자·검토자·협조자·결재권자 또는 발신명의인이 전자문서상에 자동 생성된 자기의 성명을 전자적인 문자 형태로 표시하는 것이다. 행정전자서명은 기안자·검토자·협조자·결재권자 또는 발신명의인의 신원과 전자문서의 변경여부를 확인할 수 있도록 그 전자문서에 첨부되거나 결합된 전자적 형태의 정보로서 「전자정부법 시행령」 제29조에 따른 인증기관으로부터 인증을 받은 것이다.

Chapter 09
공문서 작성법

1. 공문서의 작성

기안이라 함은 행정기관의 의사를 결정하기 위하여 문안을 작성하는 것을 말한다. 기안은 주로 상급자의 지시사항이나 접수한 문서를 처리하기 위하여 행하여지나 법령·훈령·예규 등을 근거로 하거나 또는 순수한 자기발안(自己發案)으로 이루어지기도 한다. 문서의 기안은 전자문서로 하는 것을 원칙으로 한다. 다만, 업무의 성질상 전자문서로 기안하기 곤란하거나 그 밖의 특별한 사정이 있으면 종이문서로 기안할 수 있다.

문서의 기안(起案)은 당해 사안에 대한 의사결정을 위해 작성하는 문안이다. 일반적으로 회사 내의 상사나 상급자에 대해서 업무상 필요한 안건의 결재나 승인을 구하기 위해 작성하며, 기안문서의 처리는 그 기안 내용과 관련이 있는 타부서의 의견이나 협조를 얻은 다음에 최종결재권자가 결재한다. 이러한 기안문은 품의제도 기반하에 작성한다. 품의제도는 업무담당자가 어떤 문제를 처리함에 있어 단독으로 처리할 권한이 없는 경우에 권한이 있는 상사에게 말이나 글로써 제안하여 가부의 결정을 받는 사무조직상의 과정과 절차를 의미하며, 품의과정에서 통일된 의사를 결정하기 위하여 문서로서 구체적인 원안을 준비하는 과정이다.

기안문의 작성 순서는 목적 파악(문서의 기대효과, 결재권자의 의도 및 지시내용, 접수문서의 내용), 정보수집 및 선택(관계법령, 행정관계, 참고문헌 등을 조사), 초안 및 본안 작성 그리고 확인의 절차를 거쳐 작성한다.

가. 기안문의 필요

- 내부 결재 : 발신의 필요 안건이나 사안의 처리에 있어 외부나 조직의 내부에 문서로서 의사소통을 할 필요가 있을 경우 작성하여 상급자의 가부 결정에 따라 시행한다.

- 내부 공람 : 수신된 문서로서 그 내용을 설명하거나 요약하여 상급자에게 공람해야 할 필요성이 있을 때 작성한다.
- 내부 보고(홍보) : 간단한 결과처리나 상황보고와 같은 내부적인 사항을 상급자 또는 상급기관에 보고하거나 대내적으로 알려야 할 때 작성한다.
- 발신 : 문제의 처리 내용을 내외부에 발신할 필요가 있는 경우 작성한다.

나. 기안문의 종류

- 일반기안 : 하나의 안건을 처리하기 위한 기안이다.
- 일괄기안 : 문서의 내용이 서로 관련성이 있는 2개 이상의 안건을 동시에 일괄 기안하는 것이 필요하다고 인정할 때 동일한 기안용지에 작성하는 방법이다.
- 공동기안 : 둘 이상의 행정기관의 장의 결재를 받아 공동 명의로 시행하기 위하여 문안을 작성하는 방법이다. 공동기안 문서는 그 문서 처리를 주관하는 기관에서 기안하여 먼저 그 기관의 장의 결재를 받은 후 관계 행정기관의 장의 결재를 받는다. 해당 문서처리를 주관하는 행정기관 장의 명의를 맨 위에 표시하고, 관계행정기관 장의 명의를 그 밑에 표시한다.
- 수정기안 : 수신한 문서를 신속하게 시행하고자 할 때 내용의 일부만 간단히 수정하거나 필요한 사항을 추가하여 기안하는 것이 수정기안이다.

다. 기안문의 작성

- 공문서 용지 규정

  문서에 사용되는 용지의 규격을 통일하여 표준화함으로써 문서의 작성·처리·편철·보관·보존 등 뿐만 아니라 프린터, 복사기, 팩스 등 각종 사무자동화 기기의 활용을 용이하게 할 수 있다.

  - 용지크기 : A4(가로 210mm, 세로 297mm)용지로 하되, 도면 작성 등 기본규격을 사용하기 어려운 특별한 경우에는 그 용도에 적합한 규격을 정하여 사용할 수 있다.
  - 용지 색깔 : 특별한 사유가 있는 경우를 제외하곤 흰색으로 한다.
  - 용지여백 : 기본적으로 위쪽 3cm, 왼쪽 2cm, 오

른쪽 및 아래쪽 여백을 1.5cm로 두되, 문서의 편철이나 용도에 따라 각 여백을 달리할 수 있다.

- 글자색깔 : 글자의 색깔은 검은색 또는 푸른색으로 한다. 다만, 도표의 작성이나 수정 또는 주의 환기 등 특별한 표시가 필요한 때에는 다른 색깔로 할 수 있다.

 용지 사이즈 구분

- A용지 사이즈

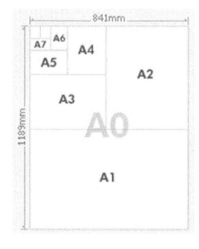

* 단위 (mm)
A0 : 841*1189
A1 : 594*841
A2 : 420*594
A3 : 297*420
A4 : 210*297
A5 : 148*210
A6 : 105*148
A7 : 74*105
A8 : 52.5*74
A9 : 37*52.5

- B용지 사이즈

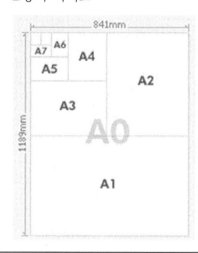

* 단위 (mm)
B0 : 1030*1456
B1 : 728*1030
B2 : 515*728
B3 : 364*515
B4 : 257*364
B5 : 182*257
B6 : 128*182
B7 : 91*128
B8 : 64*91
B9 : 46*64

- 문서의 면 표시

문서의 면 표시는 2장 이상으로 이루어진 중요 문서의 앞장과 뒷장의 순서를 명백히 하기 위하여 매기는 번호를 말한다. 문서의 순서 또는 연결 관계를 명백히 할 필요가 있는 문서, 사실관계나 법률관계의 증명에 관계되는 문서, 허가, 인가 및 등록 등에 관계되는 문서는 '쪽 번호' 등의 표시 대상 문서이다.

• 전자문서 : 쪽 번호 표시 또는 발급번호 기재
  ◇ 쪽 번호 : 각종 증명 발급 문서 외의 문서에 표시
  ◇ 중앙 하단에 일련번호를 표시하되, 문서의 순서 또는 연결관계를 명백히 할 필요가 있는 중요 문서에는 해당 문서의 전체 쪽수와 그 쪽의 일련번호를 붙임표(-)로 이어 표시한다. 양면을 사용한 경우에는 양면 모두 순서대로 쪽수를 부여한다.
    ex) 1, 2, 3, 4 또는 4-1, 4-2, 4-3, 4-4로 표시
  ◇ 발급번호 : 각종 증명 발급 문서의 왼쪽 하단에 표시
    ex) 단말번호-출력년월일/시·분·초-발급일련번호-쪽번호
• 종이문서 : 관인으로 간인 또는 천공
  ◇ 간인 : 관인 관리자가 관인으로 간인하되, 시행문은 간인하기 전의 기안문을 복사하여 간인한다.
  ◇ 천공 : 민원서류나 그 밖에 필요하다고 인정하는 문서에는 간인을 갈음하여 천공한다.
  ◇ 문서철의 쪽 번호 표시
  ◇ 해당 문서철의 우측 하단에 첫 쪽부터 시작하여 일련번호로 쪽수 부여 및 표기한다. 이때 표지와 색인목록은 쪽수 부여 및 표기 대상에서 제외한다. 동일한 문서철을 2권 이상으로 나누어 편철한 경우, 2권 이하의 문서철별 쪽수는 전권 마지막 쪽수 다음의 일련번호로 시작한다.

- 공문서의 구성 요소

두문	발신기관명
	수신자 (참조)
	(경유)
본문	제목
	내용
	부기 : 추신, 첨부
	문서의 끝 표시
결문	발신 명의
	(수신자)
	기안자/검토자/결재권자의 직위 또는 직급 및 서명
	(협조자)
	시행 : 시행처리과명-일련번호(시행일자) / 접수 : 접수처리과명-일련번호 (접수일자)
	우편번호 · 주소 / 홈페이지 주소
	전화 · 전송번호 / 담당자 이메일 / 공개구분

* ( ) 안의 내용은 내용 있을시 표기

숫자, 영어, 한글의 Byte

1234 : 1byte(space 1칸=1타)

abcd : 1byte(space 1칸=1타)

학생 : 2byte(space 2칸=2타)

vvvv

ex) 수신자

   (경유)

   제vv목

발신기관명

수신vv
(경유)vv
제목vv

1.v○○○(본문 내용)_____
_____.

vv가.v○○○_____.
vvvv1)v○○○_____
_____.

vvvvvv가)v○○○_____
_____.

2.v○○○_____

- 다 음 -

vv가.v○○○_____
vv나.v○○○_____

붙임vv1.v○○○_____. ○부.
vvvvvv2.v○○○_____. ○부.vv끝.

발 신 명 의

수신자vv○○○, ○○○, ○○○, ○○○, ○○○, ○○○, ○○○, ○○○, ○○○, ○○○, ○○○,
○○○.

기안자(직위/직급) 서명	검토자(직위/직급) 서명	결재권
자(직위/직급) 서명		
협조자vv(직위/직급) 서명		
시행vv처리과명-일련번호(시행일자)	접수vv처리과명-일련번호(접수일자)	
우v주소	/ 홈페이지 주소	
전화vv( )　　　전송vv( )	/ 전자우편 주소　　/공개 구분	

[vv는 2타(한글 1자), v는 1타(영문, 숫자) 띄움]

가. 발신기관명

그 문서를 기안한 부서가 속한 기관명을 기재한다. 사외문서일 경우 발신기관명 기입, 내부문서일 경우 부서명 또는 사업장명을 기재한다. 용지의 위에서 3cm를 띄우고 중앙에 기재하고 글씨크기는 본문의 글씨크기보다 크고 진하게 표시한다. 기안문 및 시행문의 발신기관명 좌우 여백에는 기관 로고, 상징, 홍보문구, 바코드 등을 표시하여 기관의 이미지를 제고할 수 있다.

- 로고 : 시작은 왼쪽 기본선이고 발신기관명 왼쪽에 위치하며, 크기는 가로, 세로 2cm×2cm로 나타낸다.
- 상징 : 시작은 오른쪽 기본선이고 발신기관명 오른쪽에 위치하며, 크기는 가로, 세로 2cm×2cm로 나타낸다.
- 홍보문구 : 발신기관명 바로 위에 기재한다.

나. 수신(受信)

수신처가 되는 수신 기관명을 기재하고 괄호 안에 처리할 보조기관 또는 보조기관 실무자의 직위를 쓴다. 수신 기관이 2개 이상의 기관일 경우에는 수신란에 수신자 참조라고 기재한다. 단, 결문의 발신명의란 아래 수신처란을 만들어 수신처기호 또는 수신 기관명을 표시한다.

- 수신기관이 2개 이상인 경우임에도 불특정 다수 기관일 때는 두문의 수신란에 표기한다. ex) 수신 각 고등교육기관
- 수신자가 없는 내부결재문서의 수신란에는 '내부결재'로 표시한다. ex) 수신 내부결재
- 수신 옆의 괄호 안에 처리할 자의 직위가 분명하지 않으면 '◎◎ 업무 담당자' 등으로 기재한다.

다. 경유(經由)

경유기관은 시행문서가 수신처에 앞서 중간에 경유할 기관이 있는 경우 그 기관명

을 기재한다. 경유기관이 없는 경우에는 공란으로 둔다. 이 기관에서 문서를 접수한 경우 문서의 검토를 마친 후 다른 경유기관 또는 최종수신자에게 보낼 때 결재를 받아야 한다. 경유기관 장의 명의로 발송하는 문서를 작성하여 경유문서를 붙여보내고 경유기관의 의견이 있을 경우는 이를 붙임으로 경유문서와 함께 발송한다.

- 경유기관이 하나인 경우 : (경유)란에 "이 문서의 경유기관의 장은 ◎◎◎이고 최종 수신기관의 장은 ◎◎◎입니다."로 표시한다.
- 경유기관이 둘 이상인 경우 : (경유)란에 "이 문서의 제1차 경유기관의 장은 ◎◎◎이고, 제2차 경유기관의 장은 ◎◎◎, …………, 최종 수신기관의 장은 ◎◎◎입니다."로 표시한다.
  ex) 기초자치단체→ 광역자치단체→ 중앙행정기관
- 경유문서인 경우에 '이 문서의 경유기관의 장은 ◎◎◎ (또는 제1차 경유기관의 장은 ◎◎◎, 제2차 경유기관의 장은 ◎◎◎)이고, 최종 수신기관의 장은 ◎◎◎입니다.'라고 표시하고, 경유 기관의 장은 제목 란에 '경유문서의 이송'이라고 표시하여 순차적으로 이송하여야 한다.

3. 본문 : 제목, 내용, 부기

가. 제목(題目)

문서의 내용을 쉽게 알 수 있도록 본문의 내용을 함축하여 간단하고 명확하게 기재한다. 대체로 1행의 길이를 넘지 않게 간단히 표현하며, 제목의 끝은 결구(예 : 개최, 보고, 소개, 안내, 의뢰 등)로 표현한다.

나. 내용(內容)

문서의 내용이 복잡하여 2개 이상의 항목으로 구분하여 작성할 필요가 있는 경우에는 반드시 항목을 구분하여 작성한다. 첫째 항목기호는 왼쪽 기본선에서 시작하고, 둘째 항목부터는 바로 위 항목 위치에서 오른쪽으로 2타씩 옮겨 시작한다. 항목으로 구분된 문단의 문장이 2줄 이상일 때는 첫째 줄은 오른쪽 한계선까지 찍고 둘째 줄은 항목 내용의 첫 글자에 맞추어 정렬한다.

항목기호와 그 항목의 내용 사이에는 1타를 띄우고, 항목이 하나만 있는 경우 항목기호를 부여하지 않는다. 가독성을 위하여 본문 항목 사이 위와 아래 여백을 자유롭게 조정할 수 있으며, 그 방법으로는 한 줄 띄우기, 줄간격 및 위 아래 여백의 자유로운 설정 등이 있다. 문서에 쓰는 숫자는 특별한 사유가 없으면 아라비아 숫자를 쓴다. 따라서 날짜는 숫자로 표기하되, 연·월·일의 글자는 생략하고 그 자리에 마침표를 찍어 표시하며, 시·분은 24시각제에 따라 숫자로 표기하되, 시·분의 글자는 생략하고 그 사이에 쌍점을 찍어 구분한다.

– 전문(前文) : 의례적인 인사말로서 사내 문서인 경우는 생략할 수 있다.
  • 의례적 인사말 : 귀사의 무궁한 발전을 기원합니다.
  • 관련되는 다른 공문서의 표시 : 문서생산기관의 명칭과 생산등록번호를 적고, 괄호 안에 생산날짜와 제목을 표기한다.
    ex) ◎◎부 ◎과-123(20XX. 12. 21., "◎◎ 행사 관련 협조 요청")
– 주문(主文) : 글의 가장 중요한 부분으로 6하원칙에 따라 메세지는 정확, 간결, 명료하게 표현한다.

– 말문(末文) : 마무리하는 인사말이나 지원을 부탁하는 인사말 등을 나타내며, '끝'으로 마무리하고 '마침표'를 찍는다.
  • 문서의 본문이 끝났을 경우 1자(2타vv) 띄우고 '끝'자를 표시
    ex) 2. 귀사에서 보내주신 견적서의 내용에서 변경사항을 첨가하여 송부하오니, 다시 견적서를 보내 주시기 바랍니다.(2타vv)끝.
  • 첨부물이 있을 때에는 첨부의 표시물 끝에 1자(2타vv) 띄우고 '끝'표시
    ex) 구비서류를 별첨과 같이 제출합니다.
      첨부 1. 입사지원서(소정양식) 1부.
          2. 최종학력 성적증명서 1부.(2타vv)끝.
  • 본문의 내용이나 첨부의 표시문이 오른쪽 한계선에서 끝났을 경우에는 다음 줄의 왼쪽 기본선에서 1자(2타vv) 띄우고 '끝'자를 표시
    ex) 대학이 교육청을 통해 추천받거나 대학에서 자체 공모를 통해 선발 가능하다.
      (2타vv)끝.

- 본문이 표로 끝나는 경우
  ◇ 표의 마지막 칸까지 작성되는 경우 : 표 아래 왼쪽 기본선에서 1자(2타vv) 띄우고 '끝' 표시

품명	수량	단가	총 가격
빔프로젝터	2	1,400,000	2,800,000
스크린	2	230,000	460,000
포인터	4	28,000	112,000

(2타vv)끝.

  ◇ 표의 중간에서 기재사항이 끝나는 경우 : '끝' 표시를 하지 않고 마지막으로 작성된 칸의 다음 칸에 '이하 빈칸' 표시한다. 표의 위치는 정해진 사항이 없으며, 왼쪽 기준선부터 전체를 사용하거나 또는 표 제목의 아래 위치부터 시작한다.

품명	수량	단가	총 가격
빔프로젝터	2	1,400,000	2,800,000
이하 빈칸			

항목의 구분

문서의 내용을 둘 이상의 항목으로 구분할 필요가 있을 때에는 다음 구분에 의하여 표시한다.

- 첫 째 항목   1., 2., 3., 4., 5.,
- 둘 째 항목   가., 나., 다., 라.,
- 셋 째 항목   1), 2), 3), 4), 5),
- 넷 째 항목   가), 나), 다), 라),
- 다섯째 항목   (1), (2), (3), (4),
- 여섯째 항목   (가), (나), (다), (라),

ex) 항목 구분의 예

수신 : 교육부 장관

참조 : 교육복지과 과장

제목 : 20◯◯년도 글로벌 브릿지 사업 공고

1. 사업목적

   가. 다문화가정 학생 증가에 따라 다양한 분야의 우수한 다문화학생을 육성하기

      위한 맞춤형 교육

     1) 셋째 항목 ~~

       가) 넷째 항목 ~~

         (1) 다섯째 항목 ~~

           (가) 여섯째 항목 ~~

             ① 일곱째 항목 ~~

               ㉮ 여덟째 항목 ~~

다. 부기(附記)

  – 추신(追伸) : 본문 내용의 보충이나 재강조를 위해 사용한다.

  – 첨부(添附, = 붙임) : 첨부물의 명칭과 수량 기입하고, 첨부물이 두 가지 이상인

    경우는 항목을 구분하여 표시한다.

  [첨부물이 1개인 경우]

  ex) (본문)······························· 주시기 바랍니다.

     붙임vv◯◯ 계획서 1부.

  [첨부물이 2개 이상인 경우]

  ex) (본문)······························· 주시기 바랍니다.

     붙임vv1.v◯◯ 계획서 1부.

         2.v◯◯ 서류 1부.vv끝.

가. 발신기관장 명의

문서는 당해 기관의 장(長)의 명의로 발신하고, 발신할 필요가 없는 내부결재문서에는 발신명의를 표시하지 아니한다.

- 기관의 장의 권한인 경우에는 해당 기관의 장의 명의로 발신한다.
  ex) ◎◎ 대표이사, ◎◎부장관, ◎◎이사장, ◎◎위원회위원장 등
- 합의제행정기관의 권한에 속하는 사항은 그 합의제행정기관의 명의로 발신한다. 이 경우 관인을 날인할 때 해당 합의제행정기관 명의의 청인(廳印)으로 날인한다. ex) ◎◎ 위원회
- 기관 내의 보조기관 및 보좌기관 상호간에 발신하는 문서(대내문서)는 해당 보조기관 또는 보좌기관 명의로 발신한다. ex) ◎◎ 부장, ◎◎ 실장 등
- 보조기관이나 보좌기관의 직무를 대리하는 사람이 발신명의에 서명(전자이미지서명, 전자문자서명 포함)을 하는 경우에는 서명 앞에 '직무대리'의 표시를 하여야 한다.

```
            대표이사 직무대리
ex)            전 무 이 사        ◎◎◎
```

나. 수신자

수신 기관이 두 군데 이상인 경우에 사용하고, 수신처의 명칭 대신에 미리 제정된 수신처 기호를 쓰기도 한다. 수신기관들 사이는 쉼표로 구분하고 마지막 수신기관 끝에는 마침표를 찍는다. 두 줄 이상으로 길어질 경우 둘째 줄은 수신기관의 첫 자에 맞춘다.

다. 결재 사항

왼쪽부터 오른쪽으로 낮은 직급부터 상위직급의 순으로 적고, 기안자, 검토자, 협조자, 결재권자의 직위 또는 직급을 기재하고 및 서명한다. 기안자는 기안자란에 성명을 적고 서명하고, 직위나 직급 앞 또는 위에 발의자는 ★표시, 보고자는 ◎표

시를 하기도 한다. 발의자는 기안하도록 지시한 자 또는 기안자가 스스로 입안한 자이고, 보고자는 결재권자에게 직접 보고하는 자이다.

- 기안자는 기안문의 기안자란에, 검토 또는 협조자는 검토자 또는 협조자란에, 결재권자는 결재자란에 직위 또는 직급을 쓰고 서명란에 서명한다. 서명란의 수와 크기는 필요에 따라 조정하여 사용할 수 있다.
- 직위가 있으면 그 직위를 온전하게 쓰되, 직위가 없으면 직급을 온전하게 쓴다.
- 서명은 기안자, 검토자, 협조자, 결재권자가 자기의 성명을 다른 사람이 알아볼 수 있도록 한글로 쓰거나 전자이미지서명 또는 전자문자서명을 전자적으로 표시한다.
- 출장 등의 사유로 검토를 받을 수 없는 경우 결재를 생략하며 검토자의 서명란에 사유를 명시한다.
- 결재권이 위임된 사항을 전결하는 경우에는 전결하는 사람의 서명란에 '전결' 표시를 한 후 서명하되, 서명하지 아니하는 사람의 서명란은 설치하지 아니한다. 대결하는 경우에는 대결하는 사람의 서명란에 '대결' 표시를 하고 서명하며, 위임전결사항을 대결하는 경우에는 전결권자의 서명란에 '전결' 표시를 한 후 대결하는 사람의 서명란에 '대결' 표시를 하고 서명한다. 이때 서명하지 아니하거나 '전결' 표시를 하지 아니하는 사람의 서명란은 설치하지 아니한다.

라. 협조자

기안문의 내용과 관련이 있는 다른 부서의 업무협조를 받고자 할 경우 결재자의 서명을 받기 전에 관계부서장의 협조 서명을 받아야 한다. 검토는 직제상 수직적 합의를 나타내며 협조는 수평적 합의를 의미한다. 협조는 결재 전에 받아야 하고 기안부서와 협조부서 간 동일 직급의 실무자가 교차적으로 서명하거나 기안부서의 검토를 모두 마친 후 협조부서의 협조를 거쳐 결재권자의 결재를 받기도 한다. 협조 표시는 기안문의 협조란에 협조자가 직위와 직급을 쓰고 서명한다.

마. 생산등록번호와 시행일자, 접수등록번호와 접수일자

생산등록번호 또는 접수등록번호를 업무관리시스템이나 전자문서시스템에 의하여 전자적으로 표시한다. 문서에 생산 또는 접수 등록번호를 표시하는 때에는 처리과명과 연도별 일련번호를 붙임표(-)로 이어 쓴다. 시행일과 접수일란에는 연월일을 각각 마침표(.)를 찍어 숫자로 기재한다.

- 시행 : 처리과명-연도별 일련번호(시행일) ex) 총무 - 655 (20◎◎. 7. 15.)
- 접수 : 처리과명-연도별 일련번호(접수일) ex) 교무 - 118 (20◎◎. 3. 10.)
  • 일련번호의 종류
    ◇ 누년 일련번호: 연도구분과 관계없이 누년 연속되는 일련번호
    ◇ 연도별 일련번호: 연도별로 구분하여 매년 새로 시작되는 일련번호로서 연
       도표시가 없는 번호
    ◇ 연도표시 일련번호: 연도표시와 연도별 일련번호를 붙임표(-)로 이은 번호

 날짜 표기

• 날짜 사이에는 2타(space 2칸)가 원칙이고, 연월일을 생략할 때에는 (.)을 찍어
  서 표기한다.
  ex) 2022년 4월 23일 → 2022. 4. 23.
• 연월일을 수직으로 나열하여 쓸 때는 (.)을 기준으로 맞추거나, '월' 또는 '일'이
  한 글자인 숫자 앞에 '0'을 넣기도 한다.

2015년 3월 14일	2015. 3. 14.	2015. 3. 14.
2015년 5월 5일	2015. 5. 5.	2015. 5. 5.
2015년 10월 9일	2015. 10. 9.	2015. 10. 9.
2015년 12월 25일	2015. 12. 25.	2015. 12. 25.

바. 발신기관의 우편번호와 주소, 홈페이지 주소

- 우편번호 및 주소 : 우편번호는 '우'자 다음 1타를 띄우고 번호를 빈 칸 없이 기
  록한다. 우편번호를 찍은 다음 1타 띄우고 주소를 적되 주소가 길 때는 도/시/군
  등과 같은 글자는 생략하여 기록한다. 기관이 위치한 도로명 및 건물번호 등을
  기재하고 괄호 안에 건물 명칭과 사무실이 위치한 층수와 호수를 기재한다.
  ex) 우 04763 서울 성동구 살곶이길 200 (본관 601호)
- 홈페이지(누리집) : 발신기관의 홈페이지 주소를 기재한다.
  ex) www.hywoman.ac.kr

사. 발신기관의 전화번호, 팩스번호, 전자우편주소, 공개여부

- 전화번호 및 팩스번호 : 전화번호와 팩스번호를 각각 기재하되, ( ) 안에 지역 번호, 그 다음 국번과 번호를 표기한다. 국번과 번호 사이는 이음표(-)를 표시하 며 이음표 앞뒤에는 여백을 두지 않는다. 기관 내부문서의 경우는 구내 전화번 호를 기재할 수 있다.
- 전자우편주소 : 업무 담당자의 전자우편주소를 기재한다.
- 공개여부 : 공개, 부분공개, 비공개로 구분하여 표시하고, 최종판단은 결재권자 가 한다.

Chapter 10
공문서 실습

1. 공문서 서식

[기안문 예제 1 : 결재전 기안문]

 한 국 연 구 재 단

수신   수신자 참조
(경유)
제목   학술연구 인명 DB 구축자료 수집협조 요청

━━

1. 귀 교의 무궁한 발전을 기원합니다.
2. 한국연구재단 연구과-124(20XX. 5. 16.)의 관련입니다.
3. 한국연구재단에서는 학술연구자들의 연구정보로 활용할 수 있도록 각 대학 전임강사이상의 인적사항 및 연구업적을 수집하여 DB화할 예정입니다.
4. 이 자료는 교육망과 국내의 정보유통망을 통해 서비스할 예정입니다. 4월에 실시했던 1차 자료가 부족하여 다시 한번 부탁드리오니, 귀 대학의 자료를 다음을 참고로 하시어 제출해 주시기 바랍니다.

- 다   음 -

  가. 제출방법 : 대학 교무과에서 일괄 수합하여 협회에 제출
  나. 제출기한 : 20XX. 6. 24.

붙임 1. 학술연구인명 DB학교별 명단 1부.
      2. 학술연구인명 DB 입력 worksheet 1부. 끝.

한 국 연 구 재 단 이 사 장

수신자 창의대학교, 한국대학교, 나라대학교.

협조자
시행
우 34113 대전광역시 유성구 가정로 201   접수
전화 (042)869-3333   전송 (042)869-2222   / www.nrf.re.kr
                                                / abc@nrf.re.kr   / 공개

한 국 연 구 재 단

수신   수신자 참조
(경유)
제목   학술연구 인명 DB 구축자료 수집협조 요청

―――――――――――――――――――――――

1. 귀 교의 무궁한 발전을 기원합니다.

2. 한국연구재단 연구과-124(20XX. 5. 16.)의 관련입니다.

3. 한국연구재단에서는 학술연구자들의 연구정보로 활용할 수 있도록 각 대학 전임강사이상의 인적사항 및 연구업
   적을 수집하여 DB화할 예정입니다.

4. 이 자료는 교육망과 국내의 정보유통망을 통해 서비스할 예정입니다. 4월에 실시했던 1차 자료가 부족하여 다시
   한번 부탁드리오니, 귀 대학의 자료를 다음을 참고로 하시어 제출해 주시기 바랍니다.

- 다   음 -

  가. 제출방법 : 대학 교무과에서 일괄 수합하여 협회에 제출

  나. 제출기한 : 20XX. 6. 24.

붙임   1. 학술연구인명 DB학교별 명단 1부.
      2. 학술연구인명 DB 입력 worksheet 1부. 끝.

한 국 연 구 재 단 이 사 장

수신자   창의대학교, 한국대학교, 나라대학교.

―――――――――――――――――――――――

	05/22 ㉑		05/23 ㉑		05/24 ㉑		전결 05/25 ㉑
사원	본인이름	주임	고은수	과장	강현수	처장	조인성

협조자
시행   접수
우 34113 대전광역시 유성구 가정로 201   / www.nrf.re.kr
전화 (042)869-3333   전송 (042)869-2222   / abc@nrf.re.kr   / 공개

한 국 연 구 재 단

수신 수신자 참조
(경유)
제목 학술연구 인명 DB 구축자료 수집협조 요청

___

1. 귀 교의 무궁한 발전을 기원합니다.

2. 한국연구재단 연구과-124(20XX. 5. 16.)의 관련입니다.

3. 한국연구재단에서는 학술연구자들의 연구정보로 활용할 수 있도록 각 대학 전임강사이상의 인적사항 및 연구업적을 수집하여 DB화할 예정입니다.

4. 이 자료는 교육망과 국내의 정보유통망을 통해 서비스할 예정입니다. 4월에 실시했던 1차 자료가 부족하여 다시 한번 부탁드리오니, 귀 대학의 자료를 다음을 참고로 하시어 제출해 주시기 바랍니다.

- 다 음 -

가. 제출방법 : 대학 교무과에서 일괄 수합하여 협회에 제출
나. 제출기한 : 20XX. 6. 24.

붙임 1. 학술연구인명 DB학교별 명단 1부.
       2. 학술연구인명 DB 입력 worksheet 1부. 끝.

한 국 연 구 재 단 이 사 장

수신자 창의대학교, 한국대학교, 나라대학교.

___

	05/22 ㉑		05/23 ㉑		05/24 ㉑		전결 05/25 ㉑
사원	본인이름	주임	고은수	과장	강현수	처장	조인성

협조자
시행 연구과-130 (20XX. 5. 29.)   접수
우 34113 대전광역시 유성구 가정로 201   / www.nrf.re.kr
전화 (042)869-3333   전송 (042)869-2222   / abc@nrf.re.kr   / 공개

한 국 연 구 재 단

수신 수신자 참조
(경유)
제목 학술연구 인명 DB 구축자료 수집협조 요청

---

1. 귀 교의 무궁한 발전을 기원합니다.

2. 한국연구재단 연구과-124(20XX. 5. 16.)의 관련입니다.

3. 한국연구재단에서는 학술연구자들의 연구정보로 활용할 수 있도록 각 대학 전임강사이상의 인적사항 및 연구업적을 수집하여 DB화할 예정입니다.

4. 이 자료는 교육망과 국내의 정보유통망을 통해 서비스할 예정입니다. 4월에 실시했던 1차 자료가 부족하여 다시 한번 부탁드리오니, 귀 대학의 자료를 다음을 참고로 하시어 제출해 주시기 바랍니다.

- 다 음 -

가. 제출방법 : 대학 교무과에서 일괄 수합하여 협회에 제출
나. 제출기한 : 20XX. 6. 24.

붙임 1. 학술연구인명 DB학교별 명단 1부.
       2. 학술연구인명 DB 입력 worksheet 1부. 끝.

한 국 연 구 재 단 이 사 장

수신자 창의대학교, 한국대학교, 나라대학교.

05/22 ㊞		05/23 ㊞		05/24 ㊞		전결 05/25 ㊞
사원	본인이름	주임	고은수	과장	강현수 처장	조인성

협조자
시행 연구과-130 (20XX. 5. 29.)   접수 교무과-201 (20XX. 6. 2.)
우 34113 대전광역시 유성구 가정로 201   / www.nrf.re.kr
전화   (042)869-3333   전송   (042)869-2222   / abc@nrf.re.kr   / 공개

함께하는 공정사회 더 큰 희망 대한민국

교   육   부

수신 수신자 참조
(경유)
제목 학술지 선호도 조사 협조 요청

1. 귀 기관의 무궁한 발전을 기원합니다.
2. 교육부는 작년 12월 7일 발표된 '학술자지원제도개선방안'의 일환으로, 학술진흥정책자문위원회에 정책연구를 의뢰하여 대학 교원 등 국내 연구자를 대상으로 '학술지 선호도 조사'를 다음과 같이 실시할 예정이오니, 설문조사가 원활히 이루어질 수 있도록 적극적인 협조를 부탁드립니다.

- 다   음 -

가. 조사주체 및 기관 : 학술진흥정책자문위원회, (주) 마켓비전컨설팅그룹
나. 조사기간 : 20XX. 10. 25.(목) ~ 29.(월) 5일간 (11월 중 추가 조사 가능)
다. 조사방법 : 한국연구재단에 등록되어있는 연구자의 이메일로 설문조사 링크 발송
라. 조사내용 : 학술지 선호도 조사
마. 협조방법 : 기관 내 연구자들에게 단체 SMS 발송, 전화 등으로 한국연구재단에서 발송된 학술지 선호도 조사 이메일 확인 독려

* 이메일을 받지 못하였거나 다른 문의사항이 있는 경우 (주) 마켓비전컨설팅그룹 (전화) 02-515-1234, (이메일) e_survey@survey.com 으로 연락 부탁드립니다. 끝.

교 육 부 장 관

수신자   고등교육기관전체, 한국연구재단이사장, (주)마켓비전컨설팅그룹.

협조자
시행   접수
우 30119 세종특별자치시 갈매로 408, 14동(어진동) / www.moe.go.kr
전화 (02)2100-1234   전송 (02)2100-2345   / abcde@moe.go.kr   / 대국민 공개
                          Me First, 녹색은 생활이다!

함께하는 공정사회 더 큰 희망 대한민국

교 육 부

수신 수신자 참조
(경유)
제목 학술지 선호도 조사 협조 요청

1. 귀 기관의 무궁한 발전을 기원합니다.

2. 교육부는 작년 12월 7일 발표된 '학술자지원제도개선방안'의 일환으로, 학술진흥정책자문위원회에 정책연구를 의뢰하여 대학 교원 등 국내 연구자를 대상으로 '학술지 선호도 조사'를 다음과 같이 실시할 예정이오니, 설문조사가 원활히 이루어질 수 있도록 적극적인 협조를 부탁드립니다.

- 다 음 -

가. 조사주체 및 기관 : 학술진흥정책자문위원회, (주) 마켓비전컨설팅그룹

나. 조사기간 : 20XX. 10. 25.(목) ~ 29.(월) 5일간 (11월 중 추가 조사 가능)

다. 조사방법 : 한국연구재단에 등록되어있는 연구자의 이메일로 설문조사 링크 발송

라. 조사내용 : 학술지 선호도 조사

마. 협조방법 : 기관 내 연구자들에게 단체 SMS 발송, 전화 등으로 한국연구재단에서 발송된 학술지 선호도 조사 이메일 확인 독려

* 이메일을 받지 못하였거나 다른 문의사항이 있는 경우 (주) 마켓비전컨설팅그룹 (전화) 02-515-1234, (이메일) e_survey@survey.com 으로 연락 부탁드립니다. 끝.

교 육 부 장 관

수신자 고등교육기관전체, 한국연구재단이사장, (주)마켓비전컨설팅그룹.

	10/23 ㉑		10/23 ㉑		전결 10/24 ㉑
주사	강감찬	행정사무관	황수경	학술인문과장	이순신

협조자
시행   접수
우 30119 세종특별자치시 갈매로 408, 14동(어진동) / www.moe.go.kr
전화 (02)2100-1234   전송 (02)2100-2345   / abcde@moe.go.kr   / 대국민 공개
Me First, 녹색은 생활이다!

함께하는 공정사회 더 큰 희망 대한민국

교   육   부

수신   수신자 참조
(경유)
제목   학술지 선호도 조사 협조 요청

---

1. 귀 기관의 무궁한 발전을 기원합니다.

2. 교육부는 작년 12월 7일 발표된 '학술자지원제도개선방안'의 일환으로, 학술진흥정책자문위원회에 정책연구를 의뢰하여 대학 교원 등 국내 연구자를 대상으로 '학술지 선호도 조사'를 다음과 같이 실시할 예정이오니, 설문조사가 원활히 이루어질 수 있도록 적극적인 협조를 부탁드립니다.

- 다   음 -

가. 조사주체 및 기관 : 학술진흥정책자문위원회, (주) 마켓비전컨설팅그룹

나. 조사기간 : 20XX. 10. 25.(목) ~ 29.(월) 5일간 (11월 중 추가 조사 가능)

다. 조사방법 : 한국연구재단에 등록되어있는 연구자의 이메일로 설문조사 링크 발송

라. 조사내용 : 학술지 선호도 조사

마. 협조방법 : 기관 내 연구자들에게 단체 SMS 발송, 전화 등으로 한국연구재단에서 발송된 학술지 선호도 조사 이메일 확인 독려

* 이메일을 받지 못하였거나 다른 문의사항이 있는 경우 (주) 마켓비전컨설팅그룹 (전화) 02-515-1234, (이메일) e_survey@survey.com 으로 연락 부탁드립니다. 끝.

교   육   부   장   관

수신자   고등교육기관전체, 한국연구재단이사장, (주)마켓비전컨설팅그룹.

	10/23 ㉙		10/23 ㉙		전결 10/24 ㉙
주사	강감찬	행정사무관	황수경	학술인문과장	이순신

협조자
시행 학술인문과-4637 (20XX. 10. 24.)   접수
우 30119 세종특별자치시 갈매로 408, 14동(어진동) / www.moe.go.kr
전화 (02)2100-1234   전송 (02)2100-2345   / abcde@moe.go.kr   / 대국민 공개
Me First, 녹색은 생활이다!

─── **[기안문 예제 3 : 결재후 공동 기안문]** ───

『투명한 연구지원 신뢰받는 연구재단』

한 국 연 구 재 단

수신　한국대학교
(경유)
제목　기초원천기획과제 최종평가 결과 통보

───────────────────────────

1. 귀 대학의 무궁한 발전을 기원합니다.
2. 20XX년도 미래창조과학부 기초원천연구기획사업으로 20XX년에 추진한 아래과제의 최종보고서 초안에 대한 평가결과를 통보하오니, 평가의견을 반영한 최종보고서를 제출하여 주시기 바랍니다.

　가. 평가대상 과제

과제명	연구비(천원)	연구기간	연구책임자
다학제 간 융복합 기반의 성과창출 촉진을 위한 연구개발정책 기획 연구	80,000	20XX. 03. 20. ~ 20XX. 02. 19. (11개월)	한국대학교 문정일

　나. 평가결과 : 최종보고서 제출 승인 (※ 평가의견 붙임 참조)
　다. 최종보고서 제출
　　1) 평가결과서의 수정·보완 요구사항을 반영하여 20XX년 4월 19일까지 최종보고서 제출
　　2) 인쇄본 20부 우편제출, 전산파일 1부 연구사업지원시스템(http://ernd.nrf.re.kr/) 업로드
　　3) 최종보고서 제출처 : 한국연구재단 기초연구총괄기획팀
　　　　　　(담당 : 김문수 / abcde@nrf.re.kr, 042-869-3333)

붙임　1. 평가결과 통보서 1부.
　　　2. 최종보고서 제출양식 1부.　끝.

한 국 연 구 재 단 이 사 장
과 학 기 술 정 보 통 신 부 장 관

수신자

───────────────────────────

	02/18 ㉑		대결 02/19 ㉑		전결	
★담당	김길동	팀장	한지수	실장	이순신	

협조자
시행　　　　　　　　　　　　　　　　　접수
우 34113 대전광역시 유성구 가정로 201　　/ www.nrf.re.kr
전화 (042)869-3333　　전송 (042)869-4444　/ abcde@nrf.re.kr　　/ 비공개
『녹색은 생활이다』

『투명한 연구지원 신뢰받는 연구재단』

한 국 연 구 재 단

수신   한국대학교
(경유)
제목   기초원천기획과제 최종평가 결과 통보

1. 귀 대학의 무궁한 발전을 기원합니다.
2. 20XX년도 미래창조과학부 기초원천연구기획사업으로 20XX년에 추진한 아래과제의 최종보고서 초안에 대한 평가결과를 통보하오니, 평가의견을 반영한 최종보고서를 제출하여 주시기 바랍니다.

가. 평가대상 과제

과제명	연구비(천원)	연구기간	연구책임자
다학제 간 융복합 기반의 성과창출 촉진을 위한 연구개발정책 기획 연구	80,000	20XX. 03. 20. ~ 20XX. 02. 19. (11개월)	한국대학교 문정일

나. 평가결과 : 최종보고서 제출 승인 (※ 평가의견 붙임 참조)
다. 최종보고서 제출
  1) 평가결과서의 수정·보완 요구사항을 반영하여 20XX년 4월 19일까지 최종보고서 제출
  2) 인쇄본 20부 우편제출, 전산파일 1부 연구사업지원시스템(http://ernd.nrf.re.kr/) 업로드
  3) 최종보고서 제출처 : 한국연구재단 기초연구총괄기획팀
        (담당 : 김문수 / abcde@nrf.re.kr, 042-869-3333)

붙임   1. 평가결과 통보서 1부.
       2. 최종보고서 제출양식 1부. 끝.

한 국 연 구 재 단 이 사 장
과 학 기 술 정 보 통 신 부 장 관

수신자

	02/18 ⑩		대결 02/19 ⑩		전결
★담당	김길동	팀장	한지수	실장	이순신

협조자
시행   기초연구총괄기획팀-10376 (20XX. 2. 19.)   접수
우   34113 대전광역시 유성구 가정로 201   / www.nrf.re.kr
전화   (042)869-3333   전송   (042)869-4444   / abcde@nrf.re.kr   / 비공개
『녹색은 생활이다』

『투명한 연구지원 신뢰받는 연구재단』

한 국 연 구 재 단

수신   한국대학교
(경유)
제목   기초원천기획과제 최종평가 결과 통보

---

1. 귀 대학의 무궁한 발전을 기원합니다.
2. 20XX년도 미래창조과학부 기초원천연구기획사업으로 20XX년에 추진한 아래과제의 최종보고서 초안에 대한 평
   가결과를 통보하오니, 평가의견을 반영한 최종보고서를 제출하여 주시기 바랍니다.

   가. 평가대상 과제

과제명	연구비(천원)	연구기간	연구책임자
다학제 간 융복합 기반의 성과창출 촉진을 위한 연구개발정책 기획 연구	80,000	20XX. 03. 20. ~ 20XX. 02. 19. (11개월)	한국대학교 문정일

   나. 평가결과 : 최종보고서 제출 승인 (※ 평가의견 붙임 참조)
   다. 최종보고서 제출
    1) 평가결과서의 수정·보완 요구사항을 반영하여 20XX년 4월 19일까지 최종보고서 제출
    2) 인쇄본 20부 우편제출, 전산파일 1부 연구사업지원시스템(http://ernd.nrf.re.kr/) 업로드
    3) 최종보고서 제출처 : 한국연구재단 기초연구총괄기획팀
              (담당 : 김문수 / abcde@nrf.re.kr, 042-869-3333)

붙임 1. 평가결과 통보서 1부.
     2. 최종보고서 제출양식 1부. 끝.

한 국 연 구 재 단 이 사 장
과 학 기 술 정 보 통 신 부 장 관

수신자

02/18 ㉑		대결 02/19 ㉑		전결	
★담당	김길동	팀장	한지수	실장	이순신

협조자
시행 기초연구총괄기획팀-10376 (20XX. 2. 19.)   접수 산학협력-201 (20XX. 2. 21.)
우 34113 대전광역시 유성구 가정로 201   / www.nrf.re.kr
전화 (042)869-3333   전송 (042)869-4444   / abcde@nrf.re.kr   / 공개
『녹색은 생활이다』

───── [기안문 예제 4 : 결재전 내부결재 기안문] ─────

사 무 처 총 무 과

수신   수신자 참조
(경유)
제목   대학시간강사 고용보험 취득자 추가(변경) 안내

───────────────────────────────

1. 고용노동부 고용지원실업급여과-728 (20XX. 2. 24.), 교육부 대학선진과-915 (20XX. 3. 18.)와 관련입니다.
2. 위와 관련하여 대학에서 고용한 시간강사는 피보험자격을 신고하고, 노동부고용센터에서 통상임금 등을 비교하여 취득사업장이 결정됨에 따라 붙임과 같이 취득자 명단이 추가로 통보 (20XX. 4. 20.)되어 기 발송된 명단과 같이 보내오니 다음 내용을 시간강사님께 알려주시기 바랍니다.

- 다   음 -

가. 고용보험료는 4월 급여에서 3, 4월분 소급 적용됩니다.
나. 고용보험 실업급여 보험료율은 (근로자와 사업주가 각각 부담) 보수총액에서 0.55% 공제
다. 20XX. 4. 20. 이후에도 취득여부가 변경 될 수 있습니다.(고용노동부 고용센터에서 자료 수시 변경)
라. 현재(20XX. 3. 5. 기준) 타사업장에서 재직(고용보험가입자)자, 사학·공무원·군인연금 가입자이시면 재직증명서, 연금가입확인서 등을 총무과로 제출(제출하신 자료를 근거로 노동부고용센터에 확인 요청 후 취득여부 재확인)
마. 붙임은 기발송한 명단과 함께 보내드리며, 20XX. 4. 26.(목) 17:00까지 확인하여 제출하여 주시기 바랍니다.
바. 고용보험 이중취득 또는 미취득 여부와 관련하여 이상이 있거나 문의사항이 있으시면 본 대학 총무과 또는 고용노동부 동부고용센터(02-2142-1234)로 확인하여 주시기 바랍니다.

붙임   고용보험 시간강사 취득자 명단(20XX. 4. 20.) 기준 1부. 끝.

사   무   처   장

수신자   다.

───────────────────────────────

계장   유영미   과장   강유미   차장   김한숙   총무부장 채 림   사무처장 전원주
협조자
시행   접수
우 04763 서울 성동 살곶이길 200(사근동)   / www.hywoman.ac.kr
전화 (02)2290-2222   전송 (02)2297-3322   / abcde@hywoman.ac.kr   / 공개

사 무 처 총 무 과

수신   수신자 참조
(경유)
제목   대학시간강사 고용보험 취득자 추가(변경) 안내

---

1. 고용노동부 고용지원실업급여과-728 (20XX. 2. 24.), 교육부 대학선진과-915 (20XX. 3. 18.)와 관련입니다.
2. 위와 관련하여 대학에서 고용한 시간강사는 피보험자격을 신고하고, 노동부고용센터에서 통상임금 등을 비교하
   여 취득사업장이 결정됨에 따라 붙임과 같이 취득자 명단이 추가로 통보 (20XX. 4. 20.)되어 기 발송된 명단과
   같이 보내오니 다음 내용을 시간강사님께 알려주시기 바랍니다.

- 다   음 -

가. 고용보험료는 4월 급여에서 3, 4월분 소급 적용됩니다.
나. 고용보험 실업급여 보험료율은 (근로자와 사업주가 각각 부담) 보수총액에서 0.55% 공제
다. 20XX. 4. 20. 이후에도 취득여부가 변경 될 수 있습니다.(고용노동부 고용센터에서 자료 수시 변경)
라. 현재(20XX. 3. 5. 기준) 타사업장에서 재직(고용보험가입자)자, 사학·공무원·군인연금 가입자이시면 재직
   증명서, 연금가입확인서 등을 총무과로 제출(제출하신 자료를 근거로 노동부고용센터에 확인 요청 후 취득여
   부 재확인)
마. 붙임은 기발송한 명단과 함께 보내드리며, 20XX. 4. 26.(목) 17:00까지 확인하여 제출하여 주시기 바랍니다.
바. 고용보험 이중취득 또는 미취득 여부와 관련하여 이상이 있거나 문의사항이 있으시면 본 대학 총무과 또는
   고용노동부 동부고용센터(02-2142-1234)로 확인하여 주시기 바랍니다.

붙임 고용보험 시간강사 취득자 명단(20XX. 4. 20.) 기준 1부. 끝.

사 무 처 장

수신자   다.

	4/18 ㉔		4/19 ㉔		4/19 ㉔			전결 4/20 ㉔
계장	유영미	과장	강유미	차장	김한숙	총무부장 채 림	사무처장	전원주

협조자
시행
우 04763 서울 성동 살곶이길 200(사근동)   접수
전화 (02)2290-2222   전송 (02)2297-3322   / www.hywoman.ac.kr
                                                  / abcde@hywoman.ac.kr   / 공개

사 무 처 총 무 과

수신   수신자 참조
(경유)
제목   대학시간강사 고용보험 취득자 추가(변경) 안내

────────────────────────────────

1. 고용노동부 고용지원실업급여과-728 (20XX. 2. 24.), 교육부 대학선진과-915 (20XX. 3. 18.)와 관련입니다.
2. 위와 관련하여 대학에서 고용한 시간강사는 피보험자격을 신고하고, 노동부고용센터에서 통상임금 등을 비교하여 취득사업장이 결정됨에 따라 붙임과 같이 취득자 명단이 추가로 통보 (20XX. 4. 20.)되어 기 발송된 명단과 같이 보내오니 다음 내용을 시간강사님께 알려주시기 바랍니다.

- 다   음 -

가. 고용보험료는 4월 급여에서 3, 4월분 소급 적용됩니다.
나. 고용보험 실업급여 보험료율은 (근로자와 사업주가 각각 부담) 보수총액에서 0.55% 공제
다. 20XX. 4. 20. 이후에도 취득여부가 변경 될 수 있습니다.(고용노동부 고용센터에서 자료 수시 변경)
라. 현재(20XX. 3. 5. 기준) 타사업장에서 재직(고용보험가입자)자, 사학·공무원·군인연금 가입자이시면 재직증명서, 연금가입확인서 등을 총무과로 제출(제출하신 자료를 근거로 노동부고용센터에 확인 요청 후 취득여부 재확인)
마. 붙임은 기발송한 명단과 함께 보내드리며, 20XX. 4. 26.(목) 17:00까지 확인하여 제출하여 주시기 바랍니다.
바. 고용보험 이중취득 또는 미취득 여부와 관련하여 이상이 있거나 문의사항이 있으시면 본 대학 총무과 또는 고용노동부 동부고용센터(02-2142-1234)로 확인하여 주시기 바랍니다.

붙임   고용보험 시간강사 취득자 명단(20XX. 4. 20.) 기준 1부. 끝..

사 무 처 장

수신자 다.

────────────────────────────────

	4/18 ㉧		4/19 ㉧		4/19 ㉧				전결 4/20 ㉧
계장	유영미	과장	강유미	차장	김한숙	총무부장 채 림		사무처장	전원주

협조자
시행   총무-670 (20XX. 4. 20.)   접수
우 04763 서울 성동 살곶이길 200(사근동)   / www.hywoman.ac.kr
전화 (02)2290-2222   전송 (02)2297-3322   / abcde@hywoman.ac.kr   / 공개

4. 직인 포함 공문서

[기안문 예제 5 : 결재후 기안문 (직인 포함)]

전문대학교가 미래에너지입니다.

한국전문대학교육협의회

수신 수신자 참조
(경유)
제목 「(NCS 거점센터 지원) NCS 기반 교육과정」 교직원 연수 참가 신청 안내

1. 귀 대학의 무궁한 발전을 기원합니다.
2. 관련 :
   - 20XX년 특성화 전문대학 육성사업, NCS 거점센터 지정(8개 대학)(교육부, 20XX. 06. 17.)
   - 20XX년 하반기 NCS 기반 교육과정 교직원 연수 사전 안내(인재개발실, 20XX. 09. 19.)
3. 위 호와 관련하여 본 협의회는 "NCS 거점센터 운영협의회"의 위탁을 받아 "NCS 기반 교육과정 교직원 연수"를 추진 중에 있습니다.
4. 이에 전체 전문대학을 대상으로 NCS 기반 교육과정의 성공적인 정착·확산 도무를 위해 NCS 기반 교육과정 연수를 다음과 같이 개최하고자 하오니 NCS 담당 부서장께서는 당해 대학 교직원이 동 연수에 적극적으로 참여할 수 있도록 협조하여 주시기를 바랍니다.
   가. 개설 과정 : NCS 기반 교육과정 개발 및 개편 방법의 이해와 사례 과정 외 9개 과정("붙임 1" 참조)
   나. 연수 대상 : 전문대학 교직원
      - 대학당 5명, 과정별 2명 이내 신청(대학별로 5명까지만 신청)
      - 참가 신청 접수 후 과정별 인원을 조정할 수 있음
   다. 참 가 비 : 무료(NCS 거점센터 지원)
   라. 신청 방법 : "붙임 2" 자료를 참고하여 "붙임 3" 작성 후 전자문서로 제출
   마. 제출 기한 : 20XX. 11. 11.(금) (기일 엄수)
   바. 관련 문의 : 인재개발실 이수영(02-364-1234,5678)

붙임 1. (NCS 거점센터 지원) NCS 기반 교육과정 교직원 연수 위탁 운영 프로그램 안내서 1부.
   2. (NCS 거점센터 지원) NCS 기반 교육과정 교직원 연수 신청자 등록 양식 작성방법.
   3. (NCS 거점센터 지원) NCS 기반 교육과정 교직원 연수 신청자 등록 양식. 끝.

한국전문대학교육협의회장

수신자 전국 전문대학총장.

	11/02 ⑪		11/03 ⑪		전결 11/04 ⑪
사무원	이순신	팀장	강감찬	실장	홍길동

협조자
시행 접수
우 04505 서울시 중구 서소문로 38 센트럴타워 7층 / www.kcce.or.kr ‖ www.procollege.kr
전화 (02)364-1234 전송 (02)364-5555 / abcde@kcce.or.kr / 공개
전문대학포털 PROCOLLEGE

전문대학교가 미래에너지입니다.

한국전문대학교육협의회

수신   수신자 참조
(경유)
제목   「(NCS 거점센터 지원) NCS 기반 교육과정」 교직원 연수 참가 신청 안내

1. 귀 대학의 무궁한 발전을 기원합니다.
2. 관련 :
  - 20XX년 특성화 전문대학 육성사업, NCS 거점센터 지정(8개 대학)(교육부, 20XX. 06. 17.)
  - 20XX년 하반기 NCS 기반 교육과정 교직원 연수 사전 안내(인재개발실, 20XX. 09. 19.)
3. 위 호와 관련하여 본 협의회는 "NCS 거점센터 운영협의회"의 위탁을 받아 "NCS 기반 교육과정 교직원 연수"를 추진 중에 있습니다.
4. 이에 전체 전문대학을 대상으로 NCS 기반 교육과정의 성공적인 정착 · 확산 도무를 위해 NCS 기반 교육과정 연수를 다음과 같이 개최하고자 하오니 NCS 담당 부서장께서는 당해 대학 교직원이 동 연수에 적극적으로 참여할 수 있도록 협조하여 주시기를 바랍니다.
  가. 개설 과정 : NCS 기반 교육과정 개발 및 개편 방법의 이해와 사례 과정 외 9개 과정("붙임 1" 참조)
  나. 연수 대상 : 전문대학 교직원
    - 대학당 5명, 과정별 2명 이내 신청(대학별로 5명까지만 신청)
    - 참가 신청 접수 후 과정별 인원을 조정할 수 있음
  다. 참 가 비 : 무료(NCS 거점센터 지원)
  라. 신청 방법 : "붙임 2" 자료를 참고하여 "붙임 3" 작성 후 전자문서로 제출
  마. 제출 기한 : 20XX. 11. 11.(금) (기일 엄수)
  바. 관련 문의 : 인재개발실 이수영(02-364-1234,5678)

붙임 1. (NCS 거점센터 지원) NCS 기반 교육과정 교직원 연수 위탁 운영 프로그램 안내서 1부.
    2. (NCS 거점센터 지원) NCS 기반 교육과정 교직원 연수 신청자 등록 양식 작성방법.
    3. (NCS 거점센터 지원) NCS 기반 교육과정 교직원 연수 신청자 등록 양식. 끝.

한국전문대학교육협의회장 [직인]

수신자   전국 전문대학총장.

	11/02 ㉒		11/03 ㉒		전결 11/04 ㉒
사무원	이순신	팀장	강감찬	실장	홍길동

협조자
시행   인재개발실-620 (20XX. 11. 4.)   접수
우 04505 서울시 중구 서소문로 38 센트럴타워 7층   / www.kcce.or.kr ‖ www.procollege.kr
전화   (02)364-1234   전송   (02)364-5555   / abcde@kcce.or.kr   / 공개
                            전문대학포털 PROCOLLEGE

실습문제 1

다음의 내용을 참고하여 기안문과 시행문을 각각 작성하시오.

- 발신기관 : (재)서울문화재단
- 발신기관 기관장 : 이상록 이사장
- 수신기관 : 국제대학교, 문화대학교, 가나대학교, 미래대학교, 희망여자대학교,
- 소망대학교, 누리여자대학교, 융합문화대학원대학교, 한국문화예술종합대학교
- 수신기관 기관장 : 김무근 총장
- 문서등록번호 : 418
- 시행일자 : 20XX년 10월 15일
- 발신기관 결재 책임자 : 이상호 팀장
- 발신기관 처리부서 : 문화예술지원팀
- 빌신기관 담당자 : 본인이름
- 발신기관 결재 사항 : 정규결재
- 수신기관 업무처리과 : 문화연구센터장
- 주소 : 서울 동대문구 용두동 255-674 (#02589)
- 홈페이지 : http://www.sfac.or.kr
- 전화 및 전송 번호 : (02)3290-7000, (02)3290-7001
- 문서 내용
  ◇ 제목 : 문화예술연구 지원 사업 정책과제 신청 공지
  ◇ 본문
    ✔ 서울문화재단 산학-500(20XX. 9. 28.) 관련입니다.
    ✔ 서울문화재단에서는 문화예술지원, 문화예술교육, 시민문화예술 관련
       연구와 사업을 지원하여 연구자의 역량을 제고하고, 문화예술 프로그램
       의 활성화를 위해 연구지원사업을 실시하고 있습니다. 이 사업은 문화예
       술 분야의 연구자를 대상으로 일반 공모에 의해 공개경쟁방식으로 엄격
       하고 객관적인 심사기준에 따라 시행합니다. 따라서 귀 대학의 문화예술

연구자들이 사업에 참여할 수 있도록 다음의 사항을 참고로 하여 사업신청서를 제출할 수 있도록 하여 주시기 바랍니다.

✔ 지원대상 : 문화예술진흥법 시행령 기준 대상자 3인 이상의 공동연구

✔ 신청 및 접수

✔ 신청방법 : 재단 홈페이지의 문화예술연구지원사업 정책과제에 온라인 신청 후 연구계획서 제출하여 접수

✔ 온라인 신청기한 : 20XX년 10월 25일(수) 18:00 마감

✔ 연구계획서 접수기한 : 20XX년 11월 1일(목) 18:00 도착분까지 유효

✔ 문의사항 : 문화예술지원팀 홍지원 (전화) (02)3290-7000

✔ 지원규모 : 오천만원 이내 / 년

◇ 첨부 : 문화예술연구 지원 사업 신청서 1부, 문화예술연구 RFP(Request For Proposal) 1부, 연구윤리지침 1부

 실습문제 2

다음의 내용을 참고하여 기안문과 시행문을 각각 작성하시오.

– 발신기관 : 한국과학기술단체 총연합회
– 발신기관 기관장 : 이태식 회장
– 수신기관 : 대한수학회, 아태분자생물학회, 대한지질학회, 한국기상학회, 한국광물학회
– 수신기관 기관장 : 김유신 회장
– 문서등록번호 : 103
– 시행일자 : 20XX년 2월 6일
– 발신기관 결재 책임자 : 홍길동 이사, 이순신 부회장
– 발신기관 협조자 : 대외홍보팀장 강감찬
– 발신기관 처리부서 : 총무부
– 빌신기관 담당자 : 본인이름 / 김철수 과장
– 발신기관 결재 사항 : 부회장 전결이나 휴가중임
– 수신기관 업무처리 담당자 : 총무팀 고길동 대리
– 수신기관 등록번호 : 357

- 수신기관 접수일자 : 20XX년 2월 8일
- 주소 : 서울시 강남구 테헤란로 7길 22(역삼동 635-4) 한국과학기술회관 신관2층
      (#06130)
- 홈페이지 : http://www.kofst.or.kr
- 전화 및 전송 번호 : (02)3420-1234, (02)3420-2222
- 문서 내용
  ◇ 본문
    ✓ 본 연합회에서는 귀 학회의 20XX년도 연회비를 청구하오니, 연합회의
       원활한 운영을 위하여 조속한 시일 내에 납부하여 주시기 바랍니다.
       아래의 내용에서 20XX년 연회비 납부 방법과 아울러 전년도 회비 미납
       상황을 알려드립니다. 연회비를 2년 연속 미납 시 회원자격이 상실됨을
       알려드리오니, 연회비 납부에 협조해 주시기 바라오며 납부하지 못한
       이전 년도 회비도 반드시 함께 납부하여 주시기 바랍니다.
    ✓ 연 회 비 : 오십만원(₩500,000)
    ✓ 납부기간 : 20XX. 2. 15. ~ 20XX. 2. 28.
    ✓ 납부방법 : 계좌납부
    ✓ 미납현황 : 전년도 연회비 미납자 명단 참조
  ◇ 첨부 : 은행계좌 사본 1부, 전년도 연회비 미납자 명단 1부

Part Ⅳ

슬기로운 사문서

Chapter 11
슬기로운 사내문서

　사문서는 사내문서와 사외문서를 포함하는 용어로 개인의 사적인 목적을 위하여 작성된 문서이다. 그러나 이러한 사문서도 각종 신청서와 같이 행정기관에 제출하여 접수된 것은 공문서가 된다. 따라서 공문서 규정에 따라 취급하며, 그 문서를 제출한 사람도 접수된 문서를 임의로 회수할 수 없다.

　사문서의 용지는 공문서와 같이 A4 용지로 하되, 필요한 경우에는 그 용도에 적합한 규격을 정하여 사용할 수 있으며, 용지 색깔도 특별한 사유가 있는 경우를 제외하곤 흰색으로 한다. 글자의 색깔은 검은색 또는 푸른색으로 한다. 다만, 도표의 작성이나 수정 또는 주의 환기 등 특별한 표시가 필요한 때에는 다른 색깔로 할 수 있다. 용지의 여백은 위쪽 3cm, 왼쪽 2cm, 오른쪽 1.5cm 및 아래쪽 여백을 1.5~2cm로 두되, 문서의 편철이나 용도에 따라 각 여백을 달리할 수 있다.

1.　사내문서

　사내문서는 한 회사 내 부서 간의 연락이나 통지 등을 위해 쓰이는 문서로 신속한 업무처리를 위하여 사내문서는 의례적인 표현을 생략하고 간결한 형식과 내용으로 효율적으로 작성한다. 조직체 내부에서 지시·명령하거나 협조하기 위하여 또는 보고·통지하기 위하여 오가는 문서를 말하는 것으로 회사 내에서 유통되는 문서이다. 사내문서는 기록문서, 연락문서, 보고문서, 지시문서 등으로 분류할 수 있다. 기록문서는 회의록, 의사록, 인사기록카드, 장표 등이 있으며, 연락문서는 업무 연락서, 조회문서, 회답문서, 통지서 등이 있으며, 보고문서는 업무보고서, 출장보고서, 조사보고서 등이 있으며, 지시문서는 명령서, 지시서, 통지서, 기획서, 상신서, 품의서 등이 있다.

　사내문서의 작성은 사안이 생길 때마다 즉시 작성하되, 읽기 쉽고 정확한 문장으로 간결하게 작성한다. 또한 문서와 관련된 해당 관련 부서와 책임자, 업무 진행경로, 수신자, 결재라인 등을 정확하게 표시하여 업무가 순조롭게 이행될 수 있도록 한다. 문장의 종결은 서술식 또는 개조식으로 통일하여 간결하고 일관성 있게 진술하되, 문장의 길이는 가능하면 두 줄을 넘지 않도록 한다.

사내문서의 구성은 두문, 본문, 결문으로 구성되며, 일반적인 작성법은 다음과 같다.

가. 두문(머리말)

- 문서번호 : 기관번호-문서등록번호 ex) 기획-15호
- 발신연월일 : 오른쪽 정렬, 년월일 X ex) 20XX. 10. 20.
- 수신자명 : 부서명/직명/성명 ex) 기획부장 박광수 귀하
- 발신자명 : 부서명/직명/성명 ex) 조사부 장동길
- 부서명 등은 약호, 약칭 등을 활용 가능

나. 본문

- 제목 : 본문의 내용 함축한 명사형 ex) '회의', '보고', '~에 관한 건'
- 문서의 주요 내용을 핵심적으로 간결·정확히 기재
- 본문 내용 구분을 위해 '다음·아래' 다음에 '별기'란을 둠
- 문서 내용이 끝나면 주문에서 2~3행 띄워서 오른쪽 끝에 '이상'이라고 기재
- 인사말은 보편적으로 생략

다. 결문

- 첨부가 있는 경우 명칭과 수량 기재
- 오른쪽 정렬로 담당자명과 연락처 기록
- 발신자와 업무처리자가 다른 것이 보통이므로 실무자의 직위 및 성명 기재

2. 슬기로운 기록문서

기록문서는 업무상 나중에 참고하거나 보관할 목적으로 어떠한 사실의 내용을 기술하는 문서이다. 기록문서에 속하는 문서는 의사록(議事錄) 및 회의록(會議錄), 인사기록(人事

記錄)카드, 장표(莊票) 등이 있다. 의사록 및 회의록은 회의의 진행 과정과 결정 내용 따위를 적은 기록문서이며, 인사기록 카드는 직원의 개인신상과 변동에 관한 사항을 기록하는 문서이다. 장표는 해당 사항을 기입해 넣을 것을 예정해서 빈칸을 만들어 놓은 서식류를 총칭하여 말하는 것으로, 장부·전표·표가 있다. 그리고 기입해 넣은 것은 사람이 손으로 기입하는 것만을 뜻하는 것이 아니고 사람이 기계나 기구를 조작하여 기입하거나 기계가 자동으로 써넣는 일정한 형식의 사무용지 등도 모두 장표에 속한다.

회 의 록					
회의일시	20XX년 5월 13일 15:00 ~ 16:00		장 소	9층 소회의실	
참 석 자	상무이사 🤚🤚🤚 총무이사 ⊠⊠⊠ 기획부장 ⬛⬛⬛ 기획과장 ♨♨♨ 홍보부장 ★★★ 홍보과장 😊😊😊 대리(기획실) 🌗🌗🌗 (총 7명)		취급분류		
			기밀 보통		
의 안	홍보업무 프로세스 개선에 의한 간접비 절감 위한 사전 검토회의 ◼ 홍보업무 프로세스 개선의 전략적 추진의 필요성 ◼ 경비절감에 관한 구체적 방안 모색				
토의내용	☠ 홍보업무 경비 증가 내역 및 경비항목 검토 ☠ 홍보업무 프로세스 개선에 의한 경비절감 가능성 토의 ☠ 홍보업무 경비 부문 합리적 절감 목표 제안				
합의사항	🔵 홍보업무 경비 부문 ○% 절감 목표 결정 🔵 제1차 검토회의(5월 31일 15:00)확정				
	20XX년 5월 15일 소속 기획실 성명 대리 ◎◎◎				

인 사 기 록 부

No.   2022년 8월 28일 발행   〈앞면〉

성 명		회 사		혼인 여부		그룹입사일		사 진
소 속				급호		현회사입사일		
직 위		직 무				현직위승진일		
직 책		본 적		근 무 지				
현 주 소								
입사구분			입사시최종학력			전화번호		

학 력	기 간	교 명	전 공	학 위	소 재 지

어학 능력	외 국 어 명	검정 일	독해	작문	회화	종합	점수	신체 상황	신 장		cm	체중		kg	색 맹	
									시 력	좌:		우:		혈액형		형
									지 병							
									취 미				특 기			

특허· 자격· 면허	종 류 및 등 급			취득년월	병 역	실역구분		사 유	
						군 별		계 급	
						병 과		기 간	

입사 전경 력	기 간	근 무 처	직 위	직 무

가족 사항	관 계	성 명	생 년 월 일	학 력	직 업

<뒷면>

발 령 사 항

발령구분	일 자	직 위	급 호	회 사	소 속	직 무

상 벌 사 항

기 간	상 벌 구 분	사 유	시 행 처

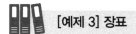

문 서 영 수 증

20XX년 8월 21일

수 신				
분류기호및 문 서 번 호	시 행 일 자	제 목	부 수	첨 부 물

수 령 자 소 속 :

직 위 :   성 명 :   ㉑

입 금 전 표

계 인	출납인	주장인	승인인

No._____   2022년 8월 28일

과 목		입 금 처		귀 하

적 요	금 액
합 계	

입 금 전 표

계 인	출납인	주장인	승인인

No._____   2022년 8월 28일

과 목		입 금 처		귀 하

적 요	금 액
합 계	

3. 슬기로운 연락문서

　연락문서는 상대에게 업무와 관련된 일의 정황이나 상황을 전달하는 문서이다. 업무연락서(業務連絡書)와 조회문서(照會文書), 회답문서(回答文書), 통지서(通知書) 등이 연락문서에 포함된다. 업무연락서는 부서 간의 업무에 관한 협조, 의뢰 및 통보하기 위하여 또는 부서 간의 정보제공과 협조의 수단으로 사용되는 문서이다. 조회문서는 좁은 의미로는 어떤 사람의 인적 사항 따위를 관계기관에 알아보기 위해 작성하는 문서를 의미하며 큰 의미로는 각종 사항에 대한 사실관계를 알아보기 위해 작성하는 문서이다. 회답문서는 물음이나 편지 따위에 대응하여 답하기 위해 작성하는 문서이고, 통지서는 업무상의 어떤 사실을 알리고 전달하는 문서이다.

TELEPHONE MESSAGE

TO :

DATE :   TIME :

FROM :

TEL. NO. :

☐ 전화 왔었음 / Telephoned

☐ 방문 하셨음 / Visited

☐ 회답 전화 왔었음 / Returned your call

☐ 전화 바람 / Please call

☐ 다시 전화하겠음 / Will call again

☐ 긴급 / Urgent!

메모 / MESSAGE

_____

_____

_____

_____

메모받은 사람 / By :

📑 약식 전화 메모

업 무 협 조 전

발신일자	20XX년 6월 24일	수 신 자	각 부서 과장
문서번호	영업-254호		
발신부서	영업부		
발 신 자	이 영 길 부장		
전화번호	구내번호 567		
제 목	신제품 평가를 위한 설문 조사(의뢰)		

　　신제품 ◎◎◎을 출시하기에 앞서, 최종 평가 및 마케팅 계획에 참조하고자 설문 조사를 시행하게 되었습니다. 각 부서의 과장님들께서는 다음 사항을 참조하시어 설문 조사를 시행한 후 영업부로 회송해 주시기 바랍니다.

- 다　음 -

　1. 조사 항목
　　　가. 신제품 평가(10항목)
　　　나. 마케팅 관련(12항목)
　2. 조사 방법 : 별첨한 설문 조사서를 1인 1매씩 조사한 후 회송함
　3. 조사 기한 : 7월 1일 ~ 7월 3일까지(3일간)

※ 설문지는 7월 4일 오후 5시에 영업부 이해수 대리가 회수할 예정입니다.
※ 설문지는 당사 신제품의 성능 보완과 마케팅에 활용할 예정이므로 정확한 조사가 이루어질 수 있도록 협조를 당부합니다.

이상.

담 당 자	영업부 대리 이해수 ㊞	부 서 장	부장 이영길 ㊞
상기와 같이 업무협조를 부탁드리오니 바쁘시더라도 업무에 차질이 없도록 협조 바랍니다.			

20XX년 4월 16일

20XX 사내 체육대회 안내

사원 각위

　◎◎◎ ◎◎◎ ◎◎◎ 오월을 맞이하여 사원 여러분의 친목 도모와 체력 향상을 위하여 사내 체육대회를 다음과 같이 개최합니다. 친목 도모를 위해 본 행사를 개최하는 만큼 전 직원은 한 사람도 빠짐없이 참가해 주시기 바랍니다.
　가족 동반도 대환영이오니 좋은 시간을 가족과 함께하시기를 바랍니다.

- 다　음-

1. 일 시 : 20XX년 5월 7일(火) 10:00 ~ 15:00
2. 장 소 : ◎◎여자대학교 운동장 (별첨 약도 참조)
3. 회 비 : 참가비 없음
4. 주 관 : 홍보부, 직원상조회
5. 내 용
　가. 경기방법 : 부문별(기획관리, 영업지원, 연구개발)로 실시
　나. 경기종목 : 농구, 줄다리기, 발야구 등
　다. 상　　품 : 참가기념품, 경기상품, 행운권 추첨
6. 기 타
　가. 각 부서에서는 농구선수 선발 후 선수명단을 홍보부로 예선일(4월 30일(火))
　　　전까지 통보 바람
　나. 체육대회 당일 중식 및 간식 제공 예정
　다. 자세한 내용은 각 부서별로 안내문 배포 예정
　라. 문의사항 : 홍보부의 ◎◎◎ 주임 (☎ 구내번호 #574)

첨부　농구 경기 예선 대진표 1부

홍보관리팀장 오 자 룡

[첨부]

농구 경기 대진표

결승

기획관리부문 | 영업지원부문 | 연구개발부문

총무관리 | 인사교육 | 회계관리 | 재무관리 | 해외영업 | 국내영업 | 고객관리 | 마케팅팀 | 기술정책 | 특허관리 | 신규기술 | 기술관리

- 주 의 사 항 -

(1) 본 경기는 5인제 경기로 반드시 여성 선수가 2인 이상 포함되어야 합니다. (두 부서에서 후보 선수 3명 포함하여 총 8명의 선수 선발)
(2) 결승전에서 홍팀 대 청팀으로 추첨 후 체육대회 당일 운동장에서 실시합니다.
(3) 예선 경기 일정은 선수 명단이 확정된 후 (4월 25일 이후) 전자 게시문을 통해 공고할 계획입니다.
(4) 정해진 일시에 예선 불참 시 기권으로 처리됩니다.

등산 동호회 회원 모집

　일상의 스트레스에서 벗어나 자연의 상쾌한 기분을 느끼고 싶지 않으세요.

　새봄을 맞이하여 임직원의 친목 도모를 위해 등산에 경험이 없는 초보자들은 숙련된 경험자들이 친절하게 지도해드립니다. 4월부터 동호회에서 주관하는 등반이 매월 실시될 예정입니다.

　다음과 같이 등산 동호회의 회원을 모집하고 있으므로 직원 여러분의 많은 참여가 있기를 바랍니다.

- 다　　음 -

1. 모집 기한 : 20XX년　3월　17일까지
2. 참가 회비 : 월 30,000원
3. 등반 계획 : 월 1회(셋째 주 토요일)
4. 접수 문의 : 마케팅사업부 김철수 대리(내선 513번)
5. 기　　　타 :
　가. 가족 동반이 가능하며, 차량은 회사에서 지원합니다.
　나. 등산용품은 입회 후 단체 구매할 예정입니다.

20XX년　3월　3일

◎◎◎ 동호회 회장 박 찬 호(총무부장)

사내 워크숍 개최 안내

상반기 워크숍을 아래와 같이 실시합니다.

이번 워크숍에서는 전체 사원이 인사부에서 편성한 5개 조에 소속되며, 각 조에 부여된 주제에 관해 토론을 시행할 예정입니다. 각 부서에 전달된 일정표를 참조하여 토론 자료를 사전에 준비해주시기 바랍니다.

또한, 토론 결과는 각 조의 대표가 세미나 형식으로 발표하게 되며, 발표 성적이 우수한 조에는 상품이 수여될 예정입니다. 이번 워크숍이 성과를 거둘 수 있도록 사원 여러분의 적극적인 참여를 바랍니다.

- 아   래 -

1. 일 정 : 20XX년 4월 8일 ~ 4월 9일까지(1박 2일)
2. 장 소 : 강원도 원주시 지정면 소재 ◎◎연수원
3. 준비물 : 평상복 착용, 세면도구, 주제별 토론 자료
4. 출발지 : 당사 정문 앞 07:30 출발 예정
5. 기 타
   가. 대형 버스 4대로 이동할 예정임
   나. 세부 일정표와 조별 토론 주제는 각 부서에 전달될 예정임
   다. 워크숍 종료 후 우수 토론조에 상금과 상품 시상 예정임
   라. 문의 사항은 인력개발팀 이강인 대리(#105)에게 문의 바람

20XX년 4월 1일

◎◎ 주식회사 인력개발팀장 신 선 호

문서번호 영업 제27호   20XX년 5월 30일

각 영업소 지점장 각위

영업본부장 서 정 만

20XX년도 상반기 영업전략 대책회의 개최

    20XX년도 업무 운영 계획에 있어서 본사와 지사와의 유기적인 영업계획 수립을 위하여 상반기 영업전략 대책회의를 다음과 같이 개최하오니 각 지사의 지점장은 반드시 참석해 주시기 바랍니다.

◑ 다 음 ◑

1. 일자 : 20XX. 6. 17. (월) 10:00 ~ 6. 18. (화) 17:00 (1박 2일)
2. 장소 : 그룹 인재개발원 대회의실
3. 의제

사업계획	사회자	주관부서
20XX년 영업실적	각 지 사 지점장	영업관리부
20XX년 사업계획	기 획 실 강우재	기획실
20XX년 전략회의	전략본부 차인표	전략본부

4. 자료 : 각 지사의 지난 5년간의 제품별 판매실적 지참 요망
5. 기타
    가. 이번 회의에는 영업관리본부 본부장(이상우 전무) 주재 하에 진행 예정
    나. 회의 당일 오전 9시 40분까지 도착할 수 있도록 시간 엄수
    다. 참가자 전원의 일체 식비 및 지방참석자의 숙박비 제공

이상

마케팅본부-1122호   20XX년 7월 2일

회의 소집 통지서

■ 수신 : 각 지점 마케팅팀장

■ 발신 : 마케팅본부장 홍길동

■ 제목 : 마케팅 전략 회의 개최의 건

■ 내용 : 다음과 같이 하반기 마케팅 전략 회의를 개최하므로 반드시 출석해 주시기 바랍니다.

- 다 음 -

1. 일시 : 20XX년 7월 12일 오전 10:00 ~ 12:00

2. 장소 : 본사 17층 중회의실(F룸)

3. 의제 : 매출 감소에 따른 대응 전략

4. 자료 : 과거 5년간 각 지점의 제품별 판매실적 지참

5. 기타 : 마케팅팀 전무님 참석 예정

이상.

4. 슬기로운 보고문서

보고문서는 상사의 지시와 요구 또는 자의에 의하여 특정 문제에 관련된 사항을 상사에게 보고하는 문서이다. 보고서(Report)는 기업에서 사건의 현황이나 연구·조사한 결과를 정리하여 보고 또는 건의하고자 할 때 작성된다. 즉 상사나 상급부서에 업무처리 내용과 결과를 문서로 보고할 대, 새로운 안을 제안할 때 작성하는 문서이다. 보고서의 내용은 단순히 사실만을 기술하는 것이 아니라 작성자가 문제의식을 지니고 해결을 위해 수집한 자료들을 분석·검토·비교하고 문제에 대해 대안을 모색·제시할 수 있어야 한다. 보고서의 종류에는 일일·주간·월간 업무보고서(業務報告書), 출장보고서(出場報告書), 교육결과보고서(敎育結果報告書), 조사보고서(調査報告書), 정보제공보고서(情報提供報告書), 일계표(日計表) 등이 있다. 업무보고서 담당자가 본인의 업무를 계획적으로 운영해 나가기 위해 당일 업무처리 현황 및 미종료 업무사항을 기재하는 문서이다. 출장보고서는 업무상 출장 후 작성하는 보고서이고, 조사보고서는 어떤 일이나 사실 또는 사물의 내용 따위를 명확하게 알기 위하여 자세히 살펴보기 위한 보고서이다. 끝으로 일계표는 자금 및 물품의 출납을 밝히기 위해서 그날그날 기재하는 표 형식의 문서로, 즉 일계표는 현금의 수입, 지출, 거래 등에 관한 일별 현황을 기재하는 장부를 말한다.

보고서의 구상단계에서는 상사의 요구사항을 확인하여 내용을 구체화하는데 구상, 키워드 연상, 아이디어 구체화의 순으로 이루어진다. 조사단계에서는 자료와 사례, 아이디어를 수집하는데 컨셉 정리, 자료조사 및 취합, 사례조사의 순으로 이루어진다. 작성단계에서는 보고서의 차례 구성과 작성을 하게 되는데, 논리적인 구성, 글쓰기, 자료 및 사례 보강, 퇴고와 수정, 탈고의 순으로 이루어진다.

가. 보고서의 분류 및 내용

공문서는 공적으로 작성한 문서로 본격 보고서와 분류되기 위한 개념으로 본격 보고서로 발전하기 전 단계의 약식보고서라 볼 수 있으며 공문서 뒤에 본격 보고서가 첨부되기도 한다. 진행과정에 따라 구분하면 기획보고서는 시작, 상황보고서는 중간, 결과보고서는 마무리라고 할 수 있다.

① 상황보고서 : 업무와 관련 내외부의 상황을 공유하기 위해 작성하는 보고서로 사업의 추진상황, 회사나 사업과 관련한 외부의 변화, 국내외 정세, 재난재해,

위기관리 상황 등이 포함됨

- 일일·주간·월간 업무보고서 : 각각의 기간별 진행된 업무를 보고하는 문서로서 업무내용과 소요시간을 파악하고 주요 업무내용이나 진척상황, 개선점, 문제점 등을 정리하여 보고하면서 업무흐름을 재검토한다.
- 일계표 : 업무 및 자금 및 물품의 출납을 매일 기재하는 문서이다.

② 결과보고서 : 의사결정권자에게 완료된 사업의 결과를 알리기 위해 작성

- 출장보고서 : 출장업무를 마친 후에 작성하고 직접 출장을 명령한 상사에게 보고하는 문서로 출장으로 무엇을 달성하였는지에 초점을 맞추고, 출장에 관한 보고자의 견해나 문제점 및 그 해결책을 제시한다.
- 교육결과보고서 : 업무연수나 세미나 등과 같은 각종 교육을 받은 후에 교육내용이나 습득한 기술을 구체적으로 기술하고, 교육받은 내용을 추후 어떻게 활용할 것인가를 제시한다.

③ 요약보고서 : 한 페이지 보고서(OPR : One Page Report), Executive Summary

- 자료요약보고서 : 의사결정권자에게 보고서, 자료, 책, 방송 등을 요약 전달하는 보고서로 요약만 하는 경우와 시사점과 조치 사항 등을 포함하는 경우도 있음 ex) 자료요약보고, 참고자료요약보고서, 정보보고서, 연구보고서 등
- 조사보고서 : 특정 주제에 대한 업계의 시장상황이나 변화 등을 분석하는 보고서로 사실 위주로 구성하고 결론이나 제안부분에서는 의견을 제시한다. 조사결과는 조사의 중요 부분의 발췌와 종합적인 설명을 하는 총평과 세부적인 결과 보고인 각론으로 구성한다.

보고서의 분류 및 내용		
상황 보고서	상황보고서	제목-개요-추진배경-추진상황(주요 상황)-시사점
	결과보고서	제목-개요-추진배경-현황-문제점-추진 결과-기대효과-(조치사항)
요약 보고서	자료 요약보고서	제목-개요-추진배경-주요내용-시사점-(조치사항)
	참고자료 보고서	
	정보·연구 보고서	

나. 보고서 작성의 범주(Category)와 틀(Framework)

보고서 작성시 현황, 문제점, 해결 방안을 도출하는 데 연장처럼 쓰이는 기획의 도구인 범주(Category)와 틀(Frame)을 사용하면 용이하게 문제와 해법을 정의할 수 있다. 기획에 활용할 수 있는 범주는 분야, 공간, 시간, 사람, 평가, 경제, 마케팅, 사회, 교육, 기타, 대립으로 구분할 수 있다.

기획을 위한 개념의 범주(Category)	
분야	정치, 경제, 사회, 문화, 과학, 기술, 전체, 부분
공간	국내 · 해외 · 인바운드 · 아웃바운드, 내부 · 외부, 아시아 · 유럽 · 북아메리카 · 남아메리카 · 아프리카 · 오세아니아, 농촌 · 산촌 · 어촌, 대도시 · 중소도시, 도로 · 도시철도 · 해운항만 · 항공공항 · 대중교통 · 물류, 수자원 · 지역 및 도시 · 산업단지
시간	과거 · 현재 · 미래, 근대 · 현대 · 탈현대, 장기 · 중기 · 단기
사람	남성 · 여성, 유년 · 소년 · 청년 · 장년 · 노년, 개인 · 법인, 저가 · 고가
평가	긍정 · 부정, 비관 · 낙관, 상위 · 중위 · 하위, 장점 · 단점
경제	생산 · 소비, 수요 · 공급, 비용 · 효과, 수입 · 지출, 수입 · 수출, 소비자 · 공급자 · 경쟁자, 거시 · 미시, 소기업 · 중기업 · 대기업, 경제성장률 · 1인당 GDP · 환율 · 실업율 · 소득분배, 금융 · 경쟁 · 노동 · 외환
마케팅	브랜드 · 제품 · 유통 · 커뮤니케이션, 4C, 4P, 밴드웨건효과 · 스놉효과
사회	기초생활보장 · 취약계층지원 · 보육 · 가족 · 여성 · 노인 · 청소년 · 노동 · 보훈 · 주택, 보건의료 · 식품
교육	유아 · 초등 · 중등 · 고등 · 대학 · 평생, 여성 · 교육 · 복지 · 환경, 학교 · 교사 · 학생 · 학부모 · 지역사회, 프로그램 · 시설 · 강사 · 수강생
기타	패러다임 · 문화 · 제도, 개인 · 조직 · 제도, 의제 · 회의 · 장소 · 시간 · 참석자
대립	상하, 좌우, 대소, 고저, 경중, 출입, 주객, 증감, 정동, 공수, 승패, 인풋 · 아웃풋, 플러스 · 마이너스, 형식 · 내용, 보수 · 혁신, 정성 · 정량, 하드웨어 · 소프트웨어, 아날로그 · 디지털

다음으로 기획을 위한 틀(Framework)을 살펴보면, 경영분석에 사용되는 프레임워크(5W1H, PEST분석, 3C(4C)분석, 5F, SWOT분석, PPM, ERRC, 7S 등), 효율개선에 사용되는 프레임워크(6시그마, TRIZ, GDT, 가치사슬, 하인리히 법칙, TOC, SIPOC 등), 마케팅분석에 사용되는 프레임워크(마케팅 4P, 파레토법칙, 롱테일이론, PLC, AIDMA, AISAS, PSM분석, CVP분석 등)이 있다. 이 중 보편적으로 사

용되는 기획을 위한 틀(Framework)은 3~4C, 4P, Michael Porter의 5Force, 7S, BCG(Boston Consulting Group) Matrix, PEST, SWOT 등을 예로 들 수 있다.

기획을 위한 틀(Framework)		
3~4C	고객(Customer), 자사(Company), 경쟁사(Competitor), 채널(Channel)	사업환경 (내·외부 요인)
4P	제품(product), 유통경로(place), 판매가격(price), 판매촉진(promotion)	마케팅
5Force	잠재적 진입자, 기업간 경쟁, 구매자 협상력, 공급자 협상력, 대체재 위협	기업 외부 분석
7S	전략(Strategy), 시스템(System), 구조(Structure), 스타일(Style), 능력(Skill), 직원(Staff), 공유가치(Shared Values)	기업 내부 분석
BCG Matrix	유망(Star), 현금(Cash cow), 신규(Question Mark), 철수(dog)	사업포트폴리오 분석
PEST	Political, Economic, Social and Technological analysis	거시환경 분석
SWOT	강점(Strength), 약점(Weakness), 기회(Opportunity), 위협(Threat)	내부역량과 외부환경

다. 보고서 형식

보고서의 형식과 구성은 크게 시작(Fishing), 중간(Reasoning), 마무리(Message)로 구분할 수 있다. 시작(Fishing)부분에서는 보고서의 수신 대상을 설득하기 위해 해당 사업을 하려는 목적과 추진배경(Why)이 포함되고, 중간(Reasoning) 부분에서는 현재의 상황 그리고 문제점, 해결방안(How)이 포함된다. 끝으로 마무리(Message)에서는 이 사업 또는 프로젝트를 통해 얻을 수 있는 기대효과와 추진계획(What) 등이 포함된다.

보고서의 논리 패턴과 구성 항목				
시작	설득	왜 이 사업을 하는가? (왜 이 보고를 하는가?)	제목	관심과 흥미 유발 (해결방안+기대효과+목적)
			개요	- 용건(결론·주장), 핵심 메시지 (해결방안+현황, 문제점 압축) - 사업의 주체, 대상, 목적, 방법(6 하원칙에 해당하는 내용) ※ 제목과 개요 내용 중복 지양
	Why	A라는 업무가 주어짐 - 왜 이 업무가 주어졌을까?	추진배경 / 배경	사업 동기, 조건, 경과(보고자가 개선·변화시킬 수 없음)
			추진배경 / 목적	사업 취지, 이유, 필요성
중간	설명	어떻게 이 사업을 할 것인가? (어떤 내용을 보고하는가?)	현황	보고서에서 과제로 주어진 상황 (보고자가 개선·변화시켜야 함)
			문제점과 원인 (시사점)	과제와 현실의 차이로 발생하는 부정적 요소, 차이 발생 원인 ※ 원인은 문제점과 해결방안 양 쪽에서 모두 다룰 수 있음
	How	A와 관련한 현황과 문제점 - 어떻게 해결할 것인가?	해결방안 (추진결과)	과제와 현실의 차이 극복방안 또 는 감소 방안 ※ 구체성과 실현가능성 제시
마무리	결정	무엇을 결정해야 하는가? (무엇을 판단해야 하는가?)	기대효과	의사결정권자의 결재를 이끌어 내기 위해 사업 결과 예측
	What	A의 현황과 문제점 해결 - 무엇을 결정하고 판단할 것인가? - 무엇이 남게 될 것인가?	조치사항 (행정사항, 추진계획)	사업 실행을 위한 추진주체, 예산, 일정, 역할분담, 규정, 장애요인 과 극복방안 등

HY 헤드라인M, 22pt

글상자 색상으로 보고서 유형별로 구분, 글상자 테두리선 0.3mm

중고딕, 15pt, 글상자색상 연녹색, 글상자선 이중테두리

(본문에 문서 취지가 포함될 시 본 글상자는 생략 가능)

1. 헤드라인M, 16p

□ 휴먼 명조 또는 헤드라인M, 15pt, 1칸 들여쓰기
 o 영문소문자 o, 휴먼명조, 15pt, 2칸 들여쓰기
  - 하이픈, 휴먼명조, 15pt, 3칸 들여쓰기
   · 점, 휴먼명조, 15pt, 4칸 들여쓰기
   ※ 중고딕, 13pt, 3~7칸 들여쓰기

- 편집여백 : 위·아래 15mm, 좌·우 20mm, 머리말·꼬리말 10mm
- 줄 간 격 : 130%
- 기본글자체 : 휴먼명조 15pt(제목 : 헤드라인M 강조 : 중고딕)
- 목차체계 : ㅂ고서 내용에 따라 번호체계(1, □, o ···) 또는 도형체계(□, o, - ···) 선택
- 문단간격 : 임의로 결정
- 중요한 부분은 진하게 또는 파랑색 표시

※ 보고서 유형별 제목상자 색상 구분

(연한옥색) 정책보고서

(하늘색) 상황·정보보고서

(연노랑색) 회의보고서

(오렌지색) 행사보고서

※ 글씨체
 - 본문 글자체 휴먼명조체, 중간제목이나 강조시 진하게
 - 큰 제목은 휴먼둥근(HY)헤드라인체
 - 본문 가운데 참고내용이나 수치 등은 중고딕
※ 글씨크기
 - 문서 제목 24pt, 본문 15pt, 참고내용 14pt, 표 13pt
 - 줄간격 160~130%, 편집용지 좌우여백 30mm
※ 항목표시
 - 짧은 보고서는 □, ◦, -, · 등 기호 사용
 - 긴 보고서는 1, 2, 3 등 숫자 사용

월 간 업 무 보 고 서

기 간	20XX. 5. 1. ~ 5. 31.				
소 속	마케팅부				
직 위	대리				
보고자	홍 길 동	작성일		20XX. 6. 7.	

보고 내용

보고내용 : 20XX년 5월 영업활동 분석

1. 개요

5월 중 당사는 월간 매출액 45억 5천만 원을 달성했으며, 이는 작년 같은 달 대비 12% 감소, 전월 대비 5% 증가에 달하는 수치임. 이는 경기회복에 대한 소비자들의 기대심리 등으로 나아지고 있는 영업환경을 반영하는 것으로 실제 매출도 증가 추세임

2. 전망 및 대책

어렵게 조성된 매출 신장세를 확산하기 위해 우선 수도권 신도시 지역에 포진한 대형 할인매장 진출을 적극적으로 검토하고 자 하며, 아울러 기존의 소규모 거래처들의 판매 동향을 면밀하게 분석하여(추후 Field Survey 실시 예정) 상품 배정량 조절 및 상품 보급의 다변화를 기할 방침임

3. 건의 사항

판매촉진 강화를 위해 SNS 광고매체를 적극적으로 이용하는 방안을 검토해 주시기 바람, 당사 신제품에 대한 소비자들의 인지도가 아주 낮은 수준이라 영업에 애로를 겪고 있음

이상.

익월 주요 업무	
기타사항	

출 장 보 고 서				문 서 번 호	영업 XX-852
				페이지번호	1/1 page
				작 성 일 자	20XX년 4월 15일
소　　속	기획실	직　　위	부　　장	출 장 자	오 수 영
출장기간	20XX. 4. 9. ~ 20XX. 4. 12. (3박 4일)			출 장 지	대전시 ◎◎ 마트
출장목적	제품 ◎◎◎의 영업점 매출현황 조사 및 홍보 계획 검토				

보고사항

　1. 매출 현황

　　MZ 세대를 주 고객으로 하여 비교적 단기간에 집중적으로 판매뇌었음. 엉업점의 입지에
　　따라 매출액이 큰 차이를 보였으며, 일부 영업점에서는 품절 사태까지 발생함.

　2. 매출 격차 발생 원인

　　◎◎ 마트 직영 영업점은 예상외로 판매실적이 저조하였고, 이에 비해 단일 품목만 취급
　　한 전문 영업점은 판매 증가 추세를 보였음. 그 원인은 전문 영업점의 제품 이해에 대한
　　전문성, 고객응대서비스, 환불·교환 서비스 등에 기인한 것으로 판단됨

　3. 대책

　　가. ◎◎ 마트 직영 영업점와 전문 영업점의 정확한 판매 현황 비교 조사서

　　나. 판매 현황 조사를 기초로 영업점별 ◎◎◎ 제품 배정량 조절

　　다. 주 고객인 MZ세대에 맞추어 매장 인테리어, 디스플레이, SNS를 통한 프로모션 전략
　　　　방안을 새롭게 구상

　　라. 계절과 관계없이 고정 매출을 확보하기 위해 본사 차원의 지원 방안 모색

　첨부　1. ◎◎◎ 제품의 판매 전문 영업점 및 ◎◎ 마트 리스트 1부.

　　　　2. 전문 영업점 및 ◎◎ 마트의 ◎◎◎ 제품 매출현황 보고서 1부.

결재	작성	검토	승인	처리담당		접수	작성	검토		승인
				보존기간						
				편철번호						
				색인번호						

국내출장보고서

- ⊙ 작성일 : 20XX년 6월 5일
- ⊙ 작성자 : 마케팅부 과장 김기동
- ⊙ 기 간 : 20XX년 5월 27일~20XX년 5월 31일(4박 5일)

신제품 ◎◎의 마케팅과 홍보를 목적으로 우리 회사와 위탁 판매계약을 맺고 있는 전국 주요 대리점을 방문하였으며, 그 결과를 다음과 같이 보고합니다.

1. 방문 지역 : 광역시에서 영업 중인 위탁 판매 대리점
2. 방문 기간 : 5일간(5월 27일 ~ 5월 31일)
3. 방문 목적
  우리 회사에서 새로 출시한 신제품 ◎◎의 판매 현황을 파악하는 한편, 각 지역별 판매점으로부터 소비자의 반응을 직접 조사하여 마케팅 전략을 수립할 목적으로 방문했음

4. 시장의 상황
  ① 가격 경쟁력 : 신제품 ◎◎의 판매가격이 타사 제품에 비해 높은 것으로 나타났는데, 조사 결과 당사의 제품 출고율이 경쟁사에 비해 5%가 높기 때문으로 확인되었음. 이로 인하여 매장을 방문한 고객들은 구입을 망설이는 경향이 있으며, 이는 구매력 감소의 원인으로 작용하고 있음. 또한 대도시에서는 가격이 구매력에 큰 영향을 미치지 않았으나 여타의 지역에서는 구매력이 영향을 미치는 것으로 조사되었음.
  ② 주요 판매점 판매 현황 : 부산지역의 판매 특약점 10개 대리점, 광주지역의 5개 대리점, 대전지역의 3개 대리점의 판매 실적을 조사한 현황은 별첨과 같음
  ③ 디자인 문제 : 신제품 ◎◎은 출시 당시 MZ 세대를 대상으로 한 감성적 디자인은 폭발적인 인기를 기대했지만, 3개월 동안의 판매 실적은 기대에 미치지 못하는 것으로 판단됨. 현지 판매원들은 단색 계열의 색상을 보완해서 다양하고 화려한 컬러를 적용해달라는 의견을 제시했음. 한편, 매장을 방문한 고객들에게 제품의 평가를 물어본 결과, 크기가 약간 작아서 불편하다는 의견도 있었는데, 이는 전체 의견의 30%를 차지했음

5. 의견
  신제품 ◎◎의 경우 유입 인구의 상승률이 높은 대도시 지역에서는 가격과 관계없이 매출이 증가하고 있었음. 소비자의 구매력도 높고 판매량도 증가하고 있지만, 판매가격이 다소 높다는 지적이 많았음. 그러나 고급화 전략을 전개하고 있는 당사의 마케팅 전략은 신제품 ◎◎에도 유효했다고 판단되며, 향후 신제품 개발에도 반영되어야 한다고 생각됨.
  다만, 디자인 면에서는 소비자의 의견을 적극적으로 반영하여 개선해야 할 사항인 것으로 생각됨

6. 첨부 자료
  자료 1. 지역별 판매점의 판매 실적(최근 3개월)
    2. 당사 신제품 ◎◎과 경쟁사 제품 ◎◎의 시장점유율 비교표

해외출장보고서

■ 작성일 : 20XX년 5월 17일
■ 작성자 : 해외사업부 과장 홍 길 동

  우리 회사에서 추진 중인 신규 밀키트(meal kit) 사업 계획 수립을 위해 동 분야의 선진 밀키트(meal kit) 시장인 미국을 방문하였으며, 출장 결과를 다음과 같이 보고합니다.

1. 출장 개요
   가. 방문 지역 : 미국 뉴욕 외 동부 8개 도시
   나. 방문 회사 : 밀키트(meal kit) 대표 브랜드 '○○○' 외 5개 회사
   다. 방문 기간 : 20XX년 5월 4일 ~ 20XX년 5월 14일(10박 11일)

2. 출장 목적
   당사에서 새로운 밀키트(meal kit) 브랜드로 출시 예정인 프로젝트 ○○의 사업 계획과 전략 수립을 위해 해외 출장을 계획하게 되었음. 미국을 출장지로 결정한 것은 글로벌 밀키트(meal kit) 브랜드가 많다는 점과 해외 선진 밀키트(meal kit) 기업의 마케팅과 홍보 사례를 조사하기에 용이하다는 점 때문이었음. 현지 시장 조사 결과를 프로젝트 ○○에 적극 반영하고자 함

3. 출장 인원

역할	직위	이름
전략 총괄	기 획 실 장	강 감 찬
마케팅 담당	마케팅팀장	이 순 신
밀키트(meal kit) 개발팀	팀 원	김 유 신

4. 현지 조사 결과
   밀키트(meal kit) 브랜드가 난립하는 경향이 있는 미국이지만 도시에 따라서는 매출이 정체되거나 감소하는 지역도 있었음. 그러나 식음료 분야의 밀키트(meal kit)는 점차 확대되고 있으며, 브랜드의 수도 증가한 것으로 조사되었음
   미국의 식음료 분야 밀키트(meal kit) 업계에서도 소비자들의 웰빙 코드가 확산됨으로써 질이 낮거나 품질이 떨어지는 브랜드는 감소하고 있으며, 웰빙 코드에 맞추어 개발된 친환경적인 밀키트(meal kit) 브랜드는 빠르게 증가하고 있는 것으로 조사됨. 실제로 뉴욕에서는 웰빙 관련 밀키트(meal kit) 브랜드가 45% 이상 증가했으며, 지방의 소도시에서도 23% 이상 증가한 것으로 조사되었음

5. 작성자 의견
   우리나라의 밀키트(meal kit) 시장은 성장보다는 다양화의 양상을 나타내고 있지만, 미국에서는 외형적인 성장보다는 질적 성장을 중시하는 방향으로 나아가고 있다고 생각됨. 또한, 패스트푸드 중심의 밀키트(meal kit)가 퇴조하고 웰빙 코드에 맞는 밀키트(meal kit)로 변화하고 있은 것으로 볼 때, 우리나라에서도 소비자의 건강과 관련된 식음료 분야의 밀키트(meal kit) 개발이 증가할 것으로 예상됨. 따라서 당사에서 개발 중인 신규 밀키트(meal kit) 브랜드도 이 점을 적극적으로 반영하여야 한다고 생각됨

6. 첨부 자료
   첨부 1. 방문 지역별 밀키트(meal kit) 브랜드와 소비자 이용 횟수 및 매출 증가율
       2. 신규 밀키트(meal kit) 업종 및 소비자 반응
       3. 밀키트(meal kit) 업종별 시장점유율
       4. 개인별 일정표
       5. 개인별 지출 경비 내역서
       6. 개인별 의견서

회 의 결 과 보 고 서

20XX년 2월 15일

■ 작성자 : 인사부 김유미 과장

20XX년 2월 정기 부서장 회의에 참석하였기에, 회의에서 협의된 내용과 결정 사항을 보고합니다.

의제	주 4일 근무제 시행 가능성 (인사부 주관)	장소	본사 15층 중회의실
일시	20XX. 2. 12.	참석자	각 부서 과장 이상 전원 25명 참석
회의 내용	이미 대기업에서 주 4일 근무제가 시행됨에 따라서 업계에서도 주 4일 근무제를 시행하는 증가함. 주 4일 근무제를 시행하게 되면 기존 생산량에 문제가 없는가에 대해 각 부서의 의견을 기록함 ① 우리 회사는 계절 상품이 많아서 주 4일 근무제가 시행되면 거래처의 주문을 소화할 수 없을 것으로 생각됨 ② 주 4일 근무제가 시행되면, 평일의 업무량에 영향이 미쳐서 그렇지 않아도 많은 연장 근무 시간이 더욱 늘어날 것임 ③ 현재 상태 개선 필요함. 일부 생산설비를 자동화 시스템으로 교체한다면 생산량 문제를 해결 가능 ④ 자동화를 확대할 경우 비용이 많이 들지만, 자동화 시스템으로 변경하는 것이 동종 업계 추세임 ⑤ 자동화를 하지 않더라도 불필요하게 낭비하는 시간이 많음. 작업이 너무 분산화되어 있음		
결정 사항	① 지금 즉시 시행하는 것은 문제가 있으므로, 내년 3월을 목표로 생산 시스템을 정비 예정. 현재 업무의 재검토, 자동화 시스템의 도입 검토 ② 계절 상품의 매출은 당사 매출의 70%를 차지하므로, 생산 시스템의 전면적인 대책이 수립되어야 함		
향후 일정	① 매월 1회 주 4일제 시행에 관한 정기 회의를 열고, 제반 문제점들 협의 ② 각 부서마다 부서 회의를 개최하여 효율적인 업무 수행에 노력 기함 ③ 타 업계의 주 4일 근무제 시행 경과 조사 ④ 계절 상품의 생산을 위탁하는 방법을 조사하여 보고		

보고자 : 인재개발팀 ◎◎◎   20XX년 11월 10일

CS 교육결과 보고서

1. 교육 프로그램 개요
    가. 교 육 명 : S기업 – CS Academy 3차 프로그램
    나. 교육대상 : ◎◎여자대학교 인문사회계열 2학년 (46명)
    다. 교육기간 : 20XX. 10. 28.~ 10. 29. (1박 2일)
    라. 교육장소 : S그룹 휴먼센터 연수원 (경기도 죽전 소재)

2. 교육 프로그램 종합만족도 조사
    교육 프로그램 이수 후 교육생을 대상으로 전체적인 만족도를 조사하였다. 교육내용에 만족도는 94.9%, 교육내용 활용도는 80.3%, 교육생의 참여도는 85.0%로 나타났다. [그림 1]을 통해 종합만족도의 높은 결과를 알 수 있다.

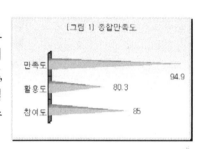

3. 교과목 만족도 조사
    교과목별 교육생 만족도를 조사한 결과 고객만족과목 92.3%, 이미지관리과목 100.0%, 표정인사과목 85%, 자세동작과목 75.5%, 용모복장과목 65.1%, 발표기술과목 45.1%으로 조사되었다. [그림 2]에서와 같이 전반적으로 교과목에 대한 만족도가 높은 것으로 나타났다.

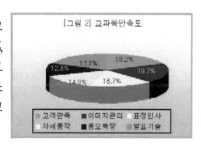

4. 교육진행결과
    가. S기업에 대한 좋은 기업이미지 부각
    나. 교육내용이 입사면접의 간접 체험으로 유익하게 구성되어 높은 활용도 기대
    다. 실전에 가까운 교육 실습으로 현장학습의 질적 향상

중간 관리자 교육 참가 보고서

⊙ 작성일 : 20XX년 9월 22일
⊙ 작성자 : 홍보부 과장 김 유 신
⊙ 기 간 : 20XX년 9월 10일 ~ 20XX년 9월 16일(1주일)

1. 교 육 주 제 : 중간 관리자의 올바른 자세
2. 교 육 참가자 : 홍보부 김유신 과장 외 3명
3. 교 육 내 용
   - 한국대학 박문수 교수의 '인간 중심의 경영과 중간 관리자'를 주제로 한 강연
   - '인간 경영의 문제점'을 주제로 ◎◎기업 이순신 대표의 강의가 있었으며, 강의 후 4시간에 걸친 토론이 있었음
   - 중간 관리자의 역량 강화를 주제로 참가자 전체가 토론함
   - 교육 마지막 날에는 회사의 성과를 높이기 위해서 중간 관리자가 해야 할 일에 대해 참여자 전원이 의견 발표함

4. 교육내용에 대한 의견
   - 박문수 교수의 강의는 훌륭했으며, 중간 관리자의 핵심은 사무 관리가 아닌 인간 관리를 말하는 것으로서 매우 중요하다는 것을 알 수 있었음
   - 다른 회사에 비해 우리 회사의 경영 상태가 좋지 않다는 것을 알 수 있었으며, 이에 대한 방안을 수립해야 한다고 생각함
   - 우리 회사에서 10년 넘게 근무하는 동안 스스로 매너리즘에 빠져 있었지만, 교육을 받고 나서 자신의 위치를 파악하게 됨
   - 회사 내의 잡무, 예를 들면 출입 허가서, 외출 허가서의 검인 등을 전산화하여 관리 업무 축소 필요성 대두
   - 사무기기의 노후화로 효율적인 업무처리가 되지 못하고 있어 이에 대한 회사의 전사적 조치가 필요함
   - 유능한 사원에 대해서는 철저한 관리를 통해서 능력을 개발할 수 있도록 인재 관리 시스템을 도입해야 한다고 생각함. 인간 경영의 핵심은 우수 인재가 외부로 유출되지 않도록 내부에서 관리하는 시스템이라고 생각됨

5. 참가자 의견
   박문수 교수의 강의 중에서 대인관계와 사람 관리의 어려움에 관한 내용에 전적으로 공감함. 중간 관리자는 한두 발짝 떨어져서 양보할 수 있는 리더십을 발휘해야 하는데, 나 자신도 그렇게 할 수 있도록 노력할 생각임. 중간 관리자로서의 리더십을 발휘하고 있을 다른 회사의 중간 관리자들을 생각하면, 위기의식을 갖게 됨
   아무리 위기의식을 갖더라도 노력해서 앞으로 나아가지 않으면 나의 존재 가치가 없으므로, 우선 자기관리하는 것부터 시작해야 한다고 생각함. 더불어 인터넷 환경에 관리 업무가 적응할 수 있는 미래형 회사 경영에 도움이 되는 관리자가 되도록 노력하고자 함. 같은 상황에 있는 동료와 협력하여 나아갈 수 있도록 노력할 것임

지시문서는 조직 내의 커뮤니케이션을 위해 조직 상부의 의사와 방침을 조직원들에게 전달하는 문서이다. 지시문서의 종류에는 명령서(命令書), 지시서(指示書), 통지서(通知書), 상신서(上申書), 품의서(稟議書), 기획서(企劃書) 등이 이에 해당한다. 명령서는 당직이나 출장 등의 복무에 관한 문서이고, 지시서는 상사가 부하 직원에게 업무운영상의 방침과 계획에 관한 지침을 내리거나 기타 업무통제를 목적으로 작성하는 문서이다. 통지서는 어떤 사실이나 소식을 전하여 알리는 문서이고, 상신서는 소관업무의 수행과 관리를 위하여 계획된 중요한 사항에 관하여 상사에게 상신하여 결재를 얻는 문서이다. 품의서는 '어떤 품목에 관하여 의견, 의논을 건의하는 글로써 안건에 대한 비교적 구체적이고 세부적인 의견을 받는 문서이다. 대부분 비용과 관련되어 있으며 기안서에 의해 발생하는 경우가 많은데 기안서가 새롭게 안건을 발의하는 내용이라면, 품의서는 기존에 진행되어 왔던 업무에 대해 추가는 확대되는 부분에 대해 상급자 및 의사결정권자의 동의를 구하는 경우가 많다. 품의서는 주로 물품 구매, 인력 채용, 업체 제휴, 진급 상신 등 정확한 수량, 단위, 금액, 대상 등이 구체적으로 포함되어야 한다.

기획서는 기획이란 어떤 일을 꾸미어 계획하는 것으로 회사에서 쓰이는 기획업무란 회사의 비전을 실현하기 위한 목표를 세우기 위한 문서이다. 조직 내에서 가장 빈번하게 작성되는 지시문서는 기획서이다. 기획서는 조직에서 향후 추진하게 될 비즈니스에 대한 계획을 수립하기 위해 작성하는 문서이다. 기획서에 대해 살펴보기에 앞서 '기획'과 비슷한 의미로 쓰이는 '계획'의 개념을 구분해 보면, '계획'은 기획을 통해 결정된 사업의 구체적인 진행 방법이라고 할 수 있다. 계획은 기획의 후속으로, 수치로 산출된 결과를 의미한다. 즉 기획을 구현하기 위한 계획은 월 또는 분기 단위로 투입되는 자원에 대해 상세하게 설계된 서류 및 진행 일정이 명시되는 것이 특징이다. 반면 기획은 마음껏 꿈을 꿀 수 있는 장점이 있으나 실제 치열한 시장 경쟁과 기업 현실로 볼 때 막연한 느낌을 줄 수가 있다. 계획서는 기획서에 더욱 정교한 일정과 수치가 들어간 양식이라 보면 된다.

기획이란 '어떤 대상에 대해 그 대상의 변화를 가져올 목적을 확인하고, 그 목적을 성취하는 데에 가장 적합한 행동을 설계하는 것'을 의미한다. 현재 진행하고 있는 업무와 관련되거나, 또는 이전에는 없었던 새로운 내용의 업무를 개발해 현재 업무를 개선하거나 새로운 이익을 창출하기 위한 일련의 활동이라고 볼 수 있다. 기획은 개선의 방향, 미래의 실현 효과, 사업 또는 매출의 신장 정도, 각종 시너지효과와 그에 따른 위험 분석 등을 기본으로 한다. 기획의 의도나 목적은 일단 상위 결정자로부터 실제 사업으로 추진하느냐 여부를 확인받는 절차상에 그 의미를 둔다. 기획서는 어떤 아이디어나 방안이 선택되기 위한 설득에 우선적인 목표를 둔다.

기획은 기업의 과제·문제점에 대해서 분석하여 해결방법을 제시하고 구체적인 실행 계획을 세우는 과정이다. 해결방법에는 새로운 제도의 도입, 업무개선을 위한 제안, 신제품 개발, 판매촉진 전략, 마케팅 계획, 업무에 대한 개선 등이 있다. 기획서((Proposal)의 과제와 문제점에 대해서 분석하고 해결방법을 문서로 만든 것이 기획서이다. 기획서는 회사의 업무, 상품·서비스 마케팅 등을 주제로 작성하는 기획서와 거래처·제휴사 등 관계 기관의 업무를 대상으로 작성하는 기획서로 구분된다. 기획서는 개선방안이나 문제점을 해결하는 데 초점을 맞추어 작성한다. 즉 개선방안과 해결책에 대한 실행계획, 구체적인 방법을 제시해야 하며 양식에 맞추어 내용은 최대한 구체적이어야 한다.

기획서 작성(Concept)을 위한 자료수집과 아이디어 수렴을 끝내고 기획서 작성시에는 우선하여 고려해야 하는 것이 '컨셉'이다. 기획서에서 컨셉은 창의적 발생을 의미하며, 여러 관념 속에서 공통 요소를 뽑아내어 종합한 하나의 관념이라고 볼 수 있다. 기획서는 새로운 일을 시작하거나 외부에 제안하기 위해 작성한다. 보고서의 작성과정은 일반적으로 구상하고 조사하고 작성하는 단계를 거친다. 구상단계에서는 상사의 요구사항을 확인하여 내용을 구체화하는데 구상, 키워드 연상, 아이디어 구체화의 순으로 이루어진다. 조사단계에서는 자료와 사례, 아이디어를 수집하는데 컨셉 정리, 자료조사 및 취합, 사례조사의 순으로 이루어진다. 작성단계에서는 보고서의 차례 구성과 작성을 하게 되는데, 논리적인 구성, 글쓰기, 자료 및 사례 보강, 퇴고와 수정, 탈고의 순으로 이루어진다.

가. 기획서 작성법

기획서는 구체적이어야 하고 측정 가능해야 하며 결과 지향적이어야 하고 적정한 기한 내에 성취할 수 있어야 한다. 명확한 목표 아래 결론을 논리적으로 구성해야 하며 사실에 근거하여 명확하게 구성되어야 하며, 비합리적인 추측을 배제해야 한다. 기획의 배경과 궁극적 목적, 제시하는 방향이 명확해야 하며 세부적인 실행계획이 뒷받침되어야 설득력 있는 기획서가 될 수 있으며, 기획안을 통해 얻을 수 있는 이득과 재무적 기대효과를 담아야 한다. 경쟁업체의 상황, 태도의 변화 등의 속도를 기획과정의 데이터에 반영하여 과거가 아닌 현재, 미래 중심의 내용을 포함하도록 한다. 핵심적 내용을 압축하여 명확히 하고 뒷받침하는 내용을 구분하여 핵심을 강조하도록 하며, 전문용어를 최소화하여 사용하고 상대방이 쉽게 이해할 수 있도록 작성해야 한다.

기획하는 사안에 따라 큰 프로젝트는 긴 기획서가 필요하지만 그렇지 않다면 가능한 한 짧게 축약해 한두 장으로 끝낼 수 있도록 하는 것이 중요하다. 간단한 기획서는 1~2장으로 상용화한 간략한 연구 기획안 내용과 동일하다.

구분	작성법
표지	제목과 기안자의 이름이 들어간다.
머리말	문제점을 제시하고 본 기획의 필요성을 강조한다.
목차	기획 내용의 흐름을 보여 준다.
요약	간략한 핵심만 보여 준다.
본문	기획의도, 목적, 전략, 실시 방법, 효과, 예산 등을 설명한다.
자료	근거가 될 만한 데이터 및 자료를 보강한다.
맺는말	예상되는 질문과 반론을 서술한다.

나. 기획서의 분류

기획의 영역이나 종류에는 특별한 제한이 없으며 현재 기업 상황의 개선이나 새로운 이익 창출, 효과적인 시간 관리를 위한 아이디어 등 필요하다고 생각하는 모든 것은 기획의 대상이다. 이런 일상 업무를 다루면서 정식 기획서보다는 기본적인 간략한 형태로 회사 내에 통용되는 기획 문서를 보통 기안서라고 한다. 우리 주변에서 찾아볼 수 있는 대표적인 기획서의 유형은 사업 기획서, 행사 기획서, 연구 기획서, 전략 기획서 등이다. 기획서를 바탕으로 주로 대외적인 방향에서 진행되는 기획 문서로는 사업 제안서, 사업 계획서 등이 있다.

① 사업 기획서

기업이나 조직의 사업적인 문제와 관련해 새로운 제도를 도입하고 업무개선을 위한 제안, 신상품 개발 및 판매 계획 등과 관련하여 사업 추진 방향과 사업 내용, 추진 계획을 담은 문서이다. 사업 기획서의 내용은 제목, 개요, 추진배경, 현황, 문제점, 해결방안, 기대효과, 조치사항 등이 포함된다.

- 사업 기획서의 구성
  • 요약 및 목차 : 사업 기획서의 가장 중요한 부분으로 사업 기획의 전체적인 내용을 개진하는 부분이다. 전체 사업 기획서를 읽을 시간적 여유나 의지가 부족한 상대를 위해서는 사업 내용에 대한 흥미를 유발하기 위해 전

체 내용의 큰 제목에 해당하는 요점만 압축함으로써 타 사업과의 차별화 및 사업성공 가능성 제시

- 회사 소개와 현황 파악 : 회사에 관한 일반적인 사항 소개하는 부분이다. 다음 항목 중 선택적으로 사용
  ◇ 회사 개요 : 회사명과 형태, 회사의 소재지, 주요 생산품 등
  ◇ 회사 연혁 : 창업 동기 및 사업의 기대효과
  ◇ 조직 기구도 : 전체 인원과 그 짜임새 있는 조직의 도표화
  ◇ 주주 현황 : 주요 주주와 소유 구조를 간략하게 소개
  ◇ 경영진 및 기술진 : 원천 기술과 그 경쟁력을 돋보이게 부각
  ◇ 금융 거래 현황 : 주요 투자 현황과 금융 상태, 정책 지원 현황 등
  ◇ 조업 현황 및 관련 기업 현황 : 현재 회사 가동 상황 점검
- 시장 분석 : 진출하고자 하는 사업의 시장성을 평가하는 부분
  ◇ 사업성 분석 : 사업의 종류와 사업의 전체 시장 규모, 사업의 장래성, 사업의 특성, 사업의 동향, 사업에 영향을 미치는 요인들 등을 분석
  ◇ 목표 시장 : 계획 제품의 시장 침투 가능성 및 수요 전망 제시
  ◇ 소비자 분석 : 수요 계층의 성별, 소득, 연령, 소비 성향 등 소비자에 대한 일반적 분석, 목표 제품에 대한 수요 예측 및 근거 제시
  ◇ 경쟁자 분석 : 동종 업계의 현황 및 경쟁 제품에 대한 분석 등을 기술
  ◇ 마케팅 계획 : 마케팅 4P[제품 전략 (product strategy), 가격 전략 (price strategy), 마케팅 전략 촉진 전략 (promote strategy), 유통 전략 (place strategy)]
  ◇ 기술 및 연구 개발 : 대상 기술의 내용 및 특성, 즉 기술의 우위성 제시
  ◇ 생산과 시설 계획 : 제품 생산에 필요한 생산과 시설 계획 설명
  ◇ 경영과 인력 계획 : 회사의 경영과 관리를 담당하는 인력을 소개하고 해당 인력들의 전문성 및 우수 인력 확보 방안
  ◇ 자본 및 재무 계획 : 사업을 이상 없이 추진하여 이익을 내고 초기 자본금을 회수하는 방안, 필요 자본의 규모와 시기 및 조달된 자금 사용 계획
    ex) 자금 규모, 투자 수익성(ROI : Return On Investment), 경제적 타당성 검토, 미래 경영 상태 예측, 경영 환경 변화에 따른 재무적 성과의 변동 정도
- 부록 : 기타 자료 ex) 제품 사진, 제품 카탈로그, 보도자료, 대표자·임원 이력서, 기술진 이력서, 최근 3년간 결산 서류, 사업자 등록증 사본, 정관,

법인등기부 등본 등

② 행사 기획서

조직 내외에서 발생하는 행사를 기획하고 진행하기 위한 보고서로 의사결정권자, 행사 주최자, 행사 참석자가 행사의 방향과 성격, 내용과 분위기를 알 수 있도록 작성하는 문서이다. 그 내용은 제목, (행사)개요, 추진배경, 행사 진행내용, 조치사항(홍보 등)의 순으로 내용을 구성하되, 기획서의 구성 요소는 다음과 같다.

- 행사 취지 : 행사의 필요성을 구체적으로 제시
- 행사 목적 : 개최하려는 행사가 달성하려는 목적
- 행사 개요 : 행사에 대한 개괄적인 내용
- 행사 구성 : 행사의 주관 단체, 행사의 조직도, 행사장 구성, 행사 진행 인력, 행사의 규모 등 행사를 구성하는 제반 요소
- 행사 일정표 : 세부적인 행사 진행 일정 제시
- 행사 프로그램 : 행사의 목적 달성을 위해 준비된 프로그램 설명
- 기타 : 예상 소요 경비, 참여 예상 인원, 행사 인지도 분석 등

③ 연구 기획서

다양한 학문의 영역에서 연구자들이 학술적인 목적으로 작성하는 기획서로 연구비를 지원받거나 연구 내용에 대한 승인을 얻기 위해 제출하는 기획서다. 물론 회사 내에서도 간략히 연구 프로젝트를 수행할 수 있다.

- 연구 기획서의 구성
  • 연구 개요 : 연구 과제명, 연구 기간, 예상 연구비, 담당 연구자의 연구 업적 등
  • 연구 목적 : 연구의 필요성, 연구 주제의 독창성, 선행 연구와의 비교, 연구의 효과 등
  • 연구 방법 및 내용 : 선행 연구와의 방법적인 차별성을 강조한 연구 방법이 타당성을 구체적으로 기술하고 내용을 대략적으로 기술
  • 연구 결과 활용방안 : 연구 결과의 의미나 기여도 등을 밝히고 이러한 의미 있는 결과가 활용될 수 있는 방안 제시
  • 연구 추진 계획 : 연구를 추진하기 위한 세부 계획으로서 개략적인 연구 수행 일정, 연구비 규모, 그리고 연구 결과 발표 예정 학술지 등을 기술

품 의 서

※ 이 품의서는 기안자가 지정한 품의 최종 결재자에게 관련 부서장을 거쳐 필히 결재를 받아야 한다.

품의제목	링제본기 신규 구매의 건	품의 최종 결재자		귀하
결재번호		품의번호		
결재일	20XX년 8월 16일	품의일	20XX년 8월 13일	
인　　가	조건부인가　보　류　부　결	기안자	홍 길 동 ㉑	

결재자 부기사항 (해당 부서장 및 상무·전무)

품의내용

　미디어 사업부 신설에 따라 아래와 같이 링제본기 신규 구매를 신청하오니 허락하여 주시기 바랍니다.

– 아　　래 –

1. 구매품명 및 수량 : 링제본기 5대 및 관련 부품(링바인더 및 표지 용지)

2. 구 매 처 : (별지 견적서 참조)

3. 구매금액 : (별지 견적서 참조)

4. 처리과목 : 비품

5. 구매이유 : 제품 제안서 작성

6. 기타 신규 교육 프로그램에 대한 제안서 요청으로 별지와 같은 링제본기를 구매할 예정임

※ 별첨 : 구매 예정 기종 및 견적서 1부.

이상.

지시사항

품 의 서

품의제목	컴퓨터 신규 구입의 건			최　종 결 재 자	
결재번호				품의번호	
결 재 일	20XX년 XX월 XX일			품 의 일	20XX년 XX월 XX일
인 　가	조건부인가	보　류	부　결	기 안 자	홍 길 동 ㉑
결 　재	담　당	대 　리	과 　장	부 　장	이 　사　　　　사 　장

아래의 사유로 인하여 위 물품의 구입을 품의하오니 결재를 바랍니다.

– 아　　래 –

1. 품 　　명 : CPU 인텔 코어 i9–13세대

2. 제조회사 : ◯◯ 주식회사

3. 기 　　종 : 일반 사무용 PC

4. 구 입 처 : ◯◯컴퓨터 ◯◯◯대리점

5. 구입금액 : ◯◯◯만 원(◯◯◯만원 / 1대)

6. 구입 사유

　가. 기존 PC의 노후로 인하여 취급 업무량의 증가와 프레젠테이션의 다양화에 대응할 수 없
　　게 되었기 때문임

　나. 신규 구입으로 인하여 기존 PC의 유지비가 절감되며, 월 평균 ◯◯◯만 원 정도의 절감
　　효과를 기대할 수 있음

　다. 업무처리 속도의 향상으로 인해 신규 사원의 채용을 억제함으로써 인건비 절감의 효과를
　　기대할 수 있음

◎◎◎ 제품 마케팅 기획서

■ 작성일 : 20XX년 9월 20일
■ 작성자 : 마케팅부 과장 강유미

　20XX년 11월 1일 출시 예정인 사무용품 ◎◎◎의 판매와 관련하여 지역별 영업본부를 대상으로 신제품 판촉 행사와 관련하여 아래와 같이 기획하였습니다.

1. 일시 및 장소
- 일시 : 20XX년 10월 1일 ~ 10월 5일(5일간)
- 장소 : 지역별 5개 영업본부

2. 대 상
◎◎◎ 제품을 전문적으로 판매하는 도·소매 유통업체 영업관리자

3. 전시 제품
신제품 ◎◎◎을 비롯한 당사 생산품 85종

4. 전시 형태
　제품을 6개 주제로 분류하여 개별 전시관을 설치하며, 각 전시관은 지역 이미지에 맞게 장식하고, 각 제품의 이미지가 드러날 수 있도록 조명 장비를 설치한다. 또한 당사의 제품이 환경 친화적인 상품임을 강조할 수 있도록 제품의 소비에서부터 수거 후 폐기까지의 과정을 프로젝터로 상영한다.

5. 예상 경비 및 예상 매출 증가액
※ 별지 : '전시관 실내장식 시공 견적서' 및 '예상 매출액 분석표' 참조

이상.

우수 SNS 선발 시상 제안서

■ 작성일 : 20XX년 9월 20일
■ 작성자 : 홍보팀 대리 이유리

1. 제안 이유

인터넷의 대중화로 인해 인터넷을 이용한 홍보·마케팅이 보편화되고 있습니다. 이에 우리 회사에서도 인터넷 홍보·마케팅 활용을 적극적으로 실시해야 한다고 판단되어 다음과 같은 제안을 합니다.

2. 제안 내용

① 우리 회사 전 직원을 대상으로 소정의 교육을 시행한 후, 인터넷 포털 사이트에 개인 SNS를 만들도록 한다.
② 각 개인의 SNS는 각자의 취향에 맞추어 개성을 살리되, 회사를 홍보하는 콘텐츠를 포함하도록 한다.
③ 총무부에서는 각 사원들의 SNS를 방문하여 심사한 후, 우수한 내용의 SNS를 만든 사원을 대상으로 소정의 상금을 상품으로 지급한다.

3. 제안 효과

각자의 개성이 발휘된 독특한 SNS가 네티즌들과 네트워크로 공유될 경우, 자사의 이미지가 향상되는 것은 물론 자사 제품의 마케팅 효과도 기대할 수 있을 것으로 판단됩니다.

이상.

인사부장 귀하   20XX년 2월 2일

20XX년 신입사원 연수 계획

1. 금년도의 과제
   지금까지의 연수는 회사 소개 이외에 사회인으로서의 자기관리와 Teamwork를 구축하기 위해 시행되어 왔음. 그러나 각 부서장을 대상으로 실시한 설문조사 결과, 신입사원 연수에 대해 다음과 같은 사항이 요구됨

가. 사회인으로서 또는 조직의 일원으로서 지켜야 할 기본적인 예의(언어 사용, 태도, 복장 등)를 먼저 확실하게 인식시킬 것
나. 당사 각 부서의 구성과 각 부문의 역할, 부문 간의 연계에 관한 기초적인 지식을 전달할 것

2. 금년도의 방침
가. 사회인이 가져야 할 예의 교육
나. 당사의 구성, 각 부문의 업무 내용 및 부서 간의 관계 소개

3 연수 내용
가. 장소 : 춘천 인력개발원 연수센터
나. 연수 일정 및 커리큘럼

일정	시간	내용	비고
1일차	13:00	집합, 인원 점검, 연수 내용 설명	
	15:00	예의 연수	외부 강사
2일차	09:00	예의 실천(Role play)	외부 강사
	13:00	하이킹	춘천호 주변
3일차	09:00	당사 업무내용 소개	동영상
	13:00	원주 공장 견학	
	18:00	입사 Welcome 만찬	임원 참가
4일차	09:00	각 부서 소개	각 부서장 인사
	13:00	연수 총괄, 소속 부서 통지	
	15:00	현지 해산	

4. 예산 : 이천만원 (예산서 별첨)

첨부 1. 각 부서장 설문조사 결과 집계표 1부
      2. 신입사원 연수 계획 예산서 1부

인력개발원 연수팀
이 순 신 (☎ 033-456-8520)

정보관리팀장 귀하   20XX년 8월 17일

Hyper Filing System 개선 제도 도입

1. 현재의 문제점
   - 정보가 개인 소유화되고 일반화되지 않음
   - 상기 이유로 인해 필요한 정보 입수에 시간 소모
   - 또한 정보의 중복이 발생하므로 비효율적임
   - 개인의 정보량이 많아 보관 공간을 많이 차지하고 있음. 또한 책상 주변에 종이로 된 문서가 산재해 있어 사무공간 비효율적임
   - 정보는 자산임에도 불구하고 보안에 관한 배려가 전혀 없음

2. 문제점의 해결
   중앙데이터관리실을 신설하고, Hyper Filing System 도입

3. Hyper Filing System의 내용
   - 종이로 된 기획서와 자료 중에서 기밀사항인 것을 제외한 모든 정보를 중앙자료실에 수납. 자료를 공유화하고, 중요 문서에 대한 보안 대책 실시
   - PC용 데이터는 중앙데이터관리실(신설)에 사내 클라우드를 통해 전송하고, 관리실에서 중요 정보와 일반 정보로 구분한 다음 일반 정보는 공유화함

4. 실행 작업
   - 중앙데이터관리팀 신설 (팀장 1명, 직원 4명 총 5명)
   - 데이터 보관·관리용 클라우드 시스템의 개발
   - 정보 관리 매뉴얼 작성
   - 관리 매뉴얼을 바탕으로 개개인의 정보를 정리하고 리스트 작성
   - 종이로 된 문서 수집, 문서보관소 정리, 클라우드 데이터 정리
   - 시스템 가동 개시
   * 중앙데이터관리실은 사내의 정보 문의 창구 기능도 담당

5. 비용
   - 시스템 개발비 : 2억 원
   - 데이터관리팀 라이브러리 설치, 오피스 레이아웃 변경 2억 원
     (중앙데이터관리팀 인건비는 미포함)

6. 일정
   중앙데이터관리팀 설립에서 가동에 이르기까지 약 6개월

총 무 팀
이 순 신 (✉ sslee@abc.com)

홍보기획팀장 귀하   20XX년 4월 10일

사내 친목회 기획

1. 전사원 참가
   가. 누구라도 부담 없이 즐겁게 참가할 수 있는 친목회
   나. 애사심 및 소속감을 느낄 수 있는 친목회 개최

2. 줄다리기 대회 제안
   가. 각 지점 대항 '줄다리기'를 친목 이벤트 제안. 단, 본사는 부서 단위로 참가
   나. 사내 설문조사 결과, 스포츠 대회 개최 67% 선택
   다. 성별에 관계없이 모두 참여 가능한 종목
   라. 사전 훈련도 필요 없고, 개인의 능력이 비교되지 않음
   마. 근거리에서 대회 장소 확보 가능

3. 행사 개요
   가. 일시 : 20XX년 4월 30일 (水) 정기 휴무 1:00~9:00 p.m.
   나. 장소 : 줄다리기 이벤트 : ◎◎구 ◎◎◎ 체육관 (시상식 : ◎◎호텔)
   다. 경기 방식
       - 토너먼트 형식
       - 참가팀은 반드시 스포츠용 유니폼 착용
   라. 상품
       - 토너먼트 우승, 준우승 팀에게 상금과 기념품 증정 예정
       - 의상 부문도 평가하여 특별상 수여 예정
   마. 당일 일정
       - 13:00~17:00 줄다리기 이벤트
       - 18:00~21:00 시상식, 친목 파티

4. 비용
   가. 상조회 비용(적립금 지원) : 50,000원 x 200명 = 10,000,000원
   나. 상금 외 기타비용 : 2,000,000원
   다. 체육관 비용 및 준비 비용 : 3,000,000원
   라. 예산 총액 : 15,000,000원

홍보기획팀
홍 길 동 대리
(✉ sslee@abc.com, #2055)

Chapter 12
슬기로운 사외문서

1. 사외문서

사외문서는 조직체의 외부의 거래처나 기타의 외부 대상자 사이에서 오가는 문서로 그 조직의 의사를 대외적으로 대표하는 문서이기 때문에 의사전달의 목적 이외에도 회사의 이미지와 직결되므로 일정한 형식을 갖추고 예의가 담겨 있는 문서로 작성하여야 하며, 사내문서보다 좀 더 격식을 갖추어 작성하여야 한다. 그리고 사외문서는 일정한 형식, 문서번호, 제목, 조직의 대표자 이름 등을 반드시 기재한다. 사외문서의 종류에는 의례문서와 거래문서가 대표적이다. 의례문서는 안내장, 통지서, 의뢰서, 조회서, 승낙서, 감사장, 초대장, 인사장, 축하문 소개장, 추천서 등이 있으며, 거래문서는 의뢰서, 통지서, 견적서, 청구서 등이 있다.

사외문서의 구성은 두문, 본문, 결문으로 구성되며, 일반적인 작성법은 다음과 같다.

가. 두문
- 문서번호 : 보통생략, 관공서 발송지 문서 왼쪽 상단 기재
- 발신연월일 : 오른쪽 정렬, 연월일 대신 마침표 사용
- 수신자명
  - 주소를 기재하는 경우 있으나 생략 가능. 수신자명 약자 사용 지양
  - 주소와 회사명/수신자명은 각각 행을 다르게 함
  - 회사명/주소/수신자명 순으로 한 글자씩 들여쓰기
- 발신자명 : 부서명/직명/성명 ex) 홍보부 팀장 홍길동

나. 본문
- 제목 : 알리고자 하는 본문내용을 전체적으로 포함할 수 있도록 함축적인 문구

로 작성하고 다른 글자보다 글씨크기 크고 진하게 작성 ex) '안내', '개최', '~에 관한 건'
- 전문 : 정성과 예의를 담아서 본격적인 용건 시작 전의 인사말로 계절인사, 관심과 배려에 대한 감사의 말 등으로 작성
- 주문 : 문서의 핵심에 해당하는 부분으로 글의 목적이나 배경 등을 6하원칙 하에 작성하고 문장의 시작을 '다름이 아니오라, 알려드리고자 하는 바는, 따라서' 등의 표현 사용
- 말문 : 문장 마무리 및 요약으로 본문과 행을 나누어 감사와 당부로 문장을 끝맺음. 일반적으로 '우선', '일단'으로 시작하여 '~해주시면 감사하겠습니다' 등으로 마무리
- 끝 인사말의 예
  • 주문 정리 : 우선 안내 말씀으로~, 이상 알려드리고자~
  • 금후의 협력 확인 : 앞으로도 협력해 주실 것을 믿고~, 금후에도 더욱더 지도 편달을 바라마지 않습니다.
  • 수신자의 활약 및 번영 기원 : 귀사의 발전을 기원합니다. 귀사가 더욱더 발전하시기를 기원드립니다.

다. 부기

- 추신 : 본문에서 빠진 것을 보충. 본문 끝나는 곳에서 2~3행 띄어서 추신이라고 쓰고 추가사항 기재
- 첨부물 : 동봉물의 명칭 및 수량 기입
  ex) 1. 20XX년도 발전 계획 보고서 3부
      2. 20XX년 예산안 보고서 2부
- 담당자 직위와 성명 : 문서 오른쪽 아래 여백에 담당자 직위 · 성명 기재, 실무자의 직위명과 성명 기재
- 이상 : 담당자의 직위와 성명의 바로 위 오른쪽에 기재

의례문서는 비지니스 업무상의 매너와 형식을 갖추기 위해 작성하는 문서로 거래관계 또는 친분을 유지하고 있는 인사 또는 조직과의 유대관계 증진을 위해 상호 간의 인간관계를 원활하게 할 수 있는 수단이다. 의례문서 작성 시 격식을 갖춘 문장을 사용하고 겸허한 자세를 표현하기 위해 올바른 경어체를 사용하고 작은 실수도 하지 않도록 더욱 유의해야 한다. 문서의 용지는 문서의 격식과 형식에 맞춰 기업 또는 임원용 레터지를 사용한다. 의례문서는 관계와 상황에 따른 다양한 유형의 문서가 작성될 수 있다. 기업에서 빈번하게 사용되는 의례문서의 종류는 다음과 같다.

가. 안내장(案內文)

안내문은 정보를 제공하거나 소개하는 내용을 적어 보내는 문서로 문서를 읽는 이가 이해하기 쉬운 단어와 문장으로 실용적이며 객관적이고 간결하게 작성해야 한다.

나. 의뢰서(依賴書)

의뢰서는 어떠한 일을 상대에게 필요한 사항을 부탁하는 글이나 문서이다. 상대에게 필요한 업무상 요청을 하는 문서이므로 상대방의 배려나 호의를 기대하는 내용의 문서로 설득력 있게 작성되어야 한다.

다. 감사장(感謝狀)

감사장은 업무상의 감사함과 호의를 표시하기 위해 비즈니스 상대방에게 전하는 문서이다. 비즈니스상 작성하는 감사장의 내용은 취임 및 수상, 축하, 출장 중 상대방의 호의 등이 해당된다.

라. 초대장(招待狀)

초대장은 거래처나 고객 등을 대상으로 각종 행사에 초대하는 내용의 문서로 그 내용과 디자인에 더욱더 예의를 갖춰 격식 있게 작성해야 한다.

마. 인사장(禋祀章)

인사장은 상대방의 안부를 묻거나 축하 또는 조위(弔慰)를 표하는 등 도리나 예의를 갖추기 위해 보내는 문서이다. 인사장은 임직원의 취임, 이임, 영전, 전직, 퇴직, 사옥이전 등과 관련된 내용으로 작성하며 기업의 이미지에 맞게 격식과 품위를 갖춰 작성한다.

바. 축하장(祝賀章)

축하장은 상대방의 경사에 대해 축하하는 뜻을 전하는 문서이다. 내용으로는 창립기념, 사옥신축 및 이전, 취임, 영전, 승진 등이 포함된다.

사. 부고장(訃告狀) 및 답례감사장(答禮感謝狀)

부고장은 고인의 죽음을 글로써 알리는 상례의식 문서이다. 부고장의 내용은 사망자의 성명, 사망일시, 사인, 장례식장, 발인일시, 발인장소, 장지 등을 기입한다. 부고는 호상이 발송하는 것으로 부고장은 호상의 입장에서 작성하여 호상명의로 발송한다. 또한 상주는 장례가 끝난 후에는 조문객들에게 답례감사장을 늦지 않게 작성한다.

 경조문 용어

결혼식		축하	
祝成婚(축성혼)	祝議(축의)	祝榮轉(축영전)	祝合格(축합격)
祝華婚(축화혼)	祝華燭(축화촉)	祝發展(축발전)	祝入學(축입학)
祝盛典(축성전)	賀儀(하의)	祝優勝(축우승)	祝卒業(축졸업)
대소상		상가	
非儀(비의)	香奠(향전)	弔意(조의)	賻儀(부의)
奠儀(전의)	薄儀(박의)	謹弔(근조)	奠儀(전의)
		香燭代(향촉대)	
회갑연		사례	
壽衣(수의)	祝回甲(축회갑)	非品(비품)	薄礼(박례)
祝儀(축의)	祝稀宴(축희연)	薄謝(박사)	略礼(약례)
祝壽宴(축수연)		非議(비의)	微衷(미충)
세시		송별	
送舊迎新(송구영신)	精靈(정령)	餞儀(전의)	陣儀(진의)
歲儀(세의)	薄礼(박례)	非品(비품)	精靈(정령)
歲饌(세찬)	略礼(약례)	惜別(석별)	非議(비의)

명칭	설명	나이	설명
지학(志學)	15세, 학문에 뜻을 둠	희수(喜壽)	77세, 희(喜)자의 초서가 칠십칠(七十七)과 비슷하다는 이유
약관(若冠)	20세, 비교적 젊은 나이	산수(傘壽)	80세, 팔순(八旬) 나이
입지(立志)	30세, 뜻을 세우는 나이	미수(米壽)	88세, 팔십팔(八十八)을 모으면 미(米)자가 되는 데에서 생긴 말
불혹(不惑)	40세, 사물의 이치를 터득하고 세상일에 흔들리지 않을 나이	졸수(卒壽)	90세, 나이 90세를 이르는 말
지천명(知天命)	50세, 하늘의 뜻을 앎	망백(望百)	91세, 백을 바라본다는 뜻
이순(耳順) 육순(六旬)	60세, 천지만물의 이치에 통달하고, 듣는 대로 모두 이해	백수(白壽)	99세, 백(百)자에서 일(一)을 빼면 백(白) 자가 되는 데에서 나온 말
환갑(還甲)	61세, 회갑(回甲) 육십갑자의 갑(甲)으로 되돌아온다는 뜻	상수(上壽)	100세, 사람의 최상의 수명이란 뜻
진갑(進甲)	62세, 환갑의 이듬해	황수(皇壽)	111세, 황제의 수명 또는 나이
칠순(七旬) 종심(從心)	70세, 고희(古稀) 뜻대로 행하여도 도리에 어긋나지 않는 나이	천수(天壽)	120세, 타고난 수명

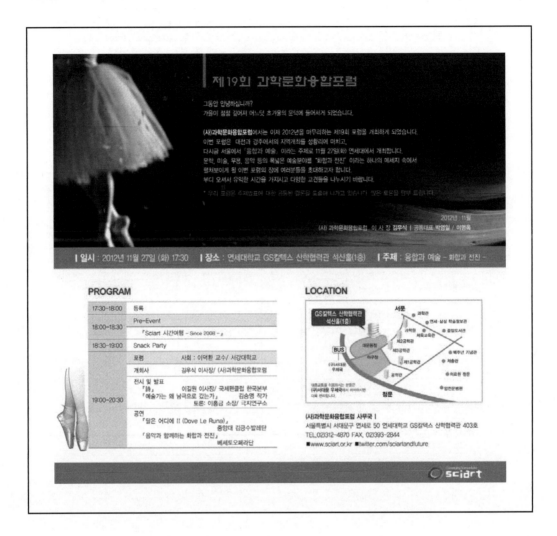

참여대상

교수, 연구원, 대학원생, 학회 편집위원장, IRB 위원장, IRB 위원, IRB 행정간사

포럼 참석자에게는 한국학술단체총연합회(KAOAS), 한국대학기관생명윤리위원회협의회(KSIRB)가 공동으로 IRB 교육이수증(6시간)을 발급하여 드립니다.

찾아오시는 길

대전광역시 유성구
가정로 201 한국연구재단
대전청사 대강당 1층

문의처

TEL. 042-869-6114
FAX. 042-869-6777

2015 제 1차 연구윤리 포럼

연구윤리의 정립을 위한 분야별 연구윤리의 실천방안
Research Ethics : Practical issues and policies

일시	2015년 9월 17일 (목)
장소	대전광역시 유성구 가정로 201 한국연구재단 대전청사 대강당 1층
주최	교육부 NRF 한국연구재단
주관	KAOAS
후원	한국대학기관생명윤리위원회협의회 (KSIRB)

인사의 말

2015년 제1차 연구윤리포럼에 여러분을 초대합니다.

2015년 연구윤리포럼의 대주제는 '연구윤리의 정립을 위한 분야별 연구윤리의 실천 방안'으로 9월 17일, 11월 20일 두 차례에 걸쳐 진행될 예정입니다. 이번 제1차 포럼에서는 연구자의 표절 문제, 인간을 대상으로 하는 연구윤리 문제를 집중적으로 논하게 됩니다. 특히 교육부 훈령인 '연구윤리 확보를 위한 지침' 개정안에 대한 발표와 토론 세션이 준비되어 있습니다.

교육부, 한국연구재단이 공동으로 주최하고 한국대학기관생명윤리위원회협의회가 지원하는 이번 포럼을 통하여 연구자의 윤리 수준이 향상되고 연구진실성을 확보할 수 있는 계기가 될길 바랍니다. 또한 연구윤리 확보를 위한 지침 개정안에 대한 여러분들의 적극적인 참여를 기대합니다.

한국학술단체총연합회회장 홍준형

프로그램

전체사회 : 송혁준 덕성여자대학교 교수

개회식 & 기조강연		
10:00 ~ 10:10	개회식	개회사 : 홍준형 - 한국학술단체총연합회장 축 사 : 이상법 - 한국연구재단 학술진흥본부장
10:10 ~ 11:00	기조강연	Recent Advances in Research Integrity: Plagiarism Daniel Barr - The Associate Director at OREI, The University of Melbourne, Australia
11:10 ~ 11:50	발표 1	디지털 연구윤리의 교육현장의 과제 김지헌 - 서울대학교 디자인학부 교수
11:50 ~ 12:20	지정 토론	김옥주(서울대), 한영빈(단국대)
12:20 ~ 13:30	휴식	

인간대상 연구윤리		
13:30 ~ 14:10	발표2	연구윤리 확보를 위한 지침 개정(안)의 방향과 쟁점 이원재 - 서울교육대학교 윤리교육과 교수
14:10 ~ 14:40	지정 토론	노환진(대구정보과학기술원), 한영호(중앙대)
14:40 ~ 15:00	휴식	
15:00 ~ 15:40	발표3	서울대 경험을 통해 본 인간대상 연구와 대학 IRB의 필요성과 과제 서이종 - 서울대학교 사회학과 교수
15:40 ~ 16:20	발표4	대학 IRB 운영경험과 현실 홍정근 - 경상대학교 의과대학 교수
16:20 ~ 17:00	지정 토론	최병인(가톨릭대), 조성연(호서대)

포럼 장소 안내

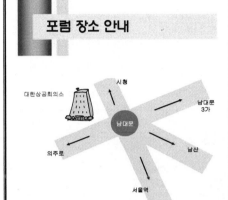

● 위　치 : 남대문 옆 신한은행 맞은편(12층 대리석 건물)
● 교통편 : 전철 2호선 시청역 하차(9번 출구 3분 거리)
　　　　　 전철 1호선 서울역 하차(3번 출구 5분 거리)

20XX년
세계경제지식포럼

**THE 15th
WORLD ECONOMIC KNOWLEDGE FORUM**

THE GREAT BREAKTHROUGH :
New Solutions for Global Crisis

MESSAGE

　전 세계는 20XX년 커다란 분기점에 서 있습니다. 세계경제상황은 한치 앞을 내다볼 수 없을 정도로 불확실성이 커지는 모습입니다.

　세계지식포럼에서는 이에 따라 새로운 성장을 위한 창의적인 리더십을 주제로 위기극복을 위한 해법을 모색하고자 합니다. 기존의 패러다임에 얽매이지 않고 새로운 시선으로 세계경제를 바라볼 수 있는 상상력을 더한 창의적인 리더십이 필요한 시점입니다. '변하지 않는 철학'과 '새로운 시선'의 조화가 세계경제지식포럼이 고민하는 부분입니다.

　새로운 리더십이 필요한 시대를 맞아 올해 세계경제지식포럼은 감동을 이끄는 리더들과 함께 비전을 찾는 시간에 함께 하시길 바랍니다.

20XX년 1월
세계경제지식포럼
○○○ 회장

PROGRAM

1. 일　　시 : 20XX년 2월 21일(목)
　　　　　　　 10:00 ~ 18:00
2. 장　　소 : 대한상공회의소 중회의실
3. 참 가 비 : 회원 150,000원 / 비회원 200,000원
4. 언　　어 : 한국어 및 영어, 프랑스어, 스페인어 동시통역
5. 문 의 처 : 세계경제지식포럼 사무국
　　　　　　　 Jennifer Kim (☎ 02-2013-0001)
6. 기타사항
　가. 조기등록은 1월 24일까지 결제 완료하신 분에 한함
　나. 일반등록 시에도 2월 4일까지 입금 완료하셔야 최종등록
　　　으로 인정
　다. 참가비 포함 내역
　　　- Full Forum : 자료집, 중식, 세계경제지식포럼 만찬
　　　- 만찬 참여희망자는 등록 시 신청서 제출
　라. 당일 행사장 주차 가능

※ 주최 : 기획재정부, WEFK, 대한경제신문사

(주) ◎◎물산

서울시 서초구 서초동 1가 24-2　TEL. : (02) 544-2525　FAX. : (02) 544-2526

창립 20주년 기념식 초대장

귀하와 귀사의 무궁한 발전을 진심으로 기원합니다. 아울러 그동안 당사에 베풀어주신 후의에 머리 숙여 감사의 인사를 전합니다.

당사는 오는 10월 7일자로 창립 20주년을 맞이하게 되었습니다. 창립 이후, 많은 난관과 역경을 극복하면서 오늘까지 발전해 올 수 있었던 것은 한결같이 도움을 주신 여러분의 성원이 있었기에 가능했습니다. 당사 임직원을 대표해서 다시 한번 감사드립니다.

이에 당사에서는 창립 20주년을 기념하여 귀빈 여러분을 모시고 아래와 같이 조촐한 기념식을 개최하고자 합니다. 공사다망하신 가운데 시간이 허락된다면 참석하시어 뜻깊은 자리를 빛내 주시기 바랍니다.

- 아　래 -

1. 일 시 : 20XX년 10월 7일(수) 18:00
2. 장 소 : ◎◎◎ 호텔 크리스탈볼룸 [Tel. : (02)777-5678]
3. 내 용 : 기념식 및 축하연
4. RSVP : 10월 1일까지 참석 여부(☎ (02)222-3333)를 알려주시면 감사하겠습니다.
　※ 별첨한 약도와 교통편을 참고해 주시기 바랍니다. 더불어 화환은 정중히 사양합니다.

20XX년 10월 7일

㈜ ◎◎물산 대표이사 서 동 재

(주) ◎ ◎ 물산

서울시 서초구 서초동 1가 24-2   TEL. : (02) 544-2525   FAX. : (02) 544-2526

20XX년 8월 18일

관계자 제위

대 한 기 업 (주)
대표이사 이 준 영 귀하

본 사 이 전 안 내 문

　◎◎◎의 계절을 맞아 귀사의 무궁한 발전을 기원합니다.

　당사는 20XX년 9월 1일 새로운 사옥으로 본사를 이전할 예정입니다. 본사 이전을 계기로 임직원 모두가 더욱 새롭고 활기찬 마음가짐으로 여러분의 성원과 지지에 보답하고자 합니다. 앞으로도 아낌없는 협력과 관심을 부탁드립니다.

　이상 서면으로 이전에 즈음한 인사 말씀을 드립니다. 이전과 관련된 사항은 다음의 내용을 참조하여 주시기 바랍니다.

- 다　음 -

1. 신 사 옥 : 서울시 강남구 삼성동 2가 11 코엑스 빌딩
2. 대표번호 : (02)543-3456
3. 업무개시 : 20XX년 9월 2일 (月) A.M. 09:00
4. 기　　타 : 별첨 약도 참조

(주)◎◎물산

서울시 서초구 서초동 1가 24-2   TEL. : (02) 544-2525   FAX. : (02) 544-2526

서울시 중구 남대문로 1가 113
 정석기업 (주)
  차 승조 대표이사 귀하

인 사 장

신록의 계절을 맞아 차승조 님의 건강과 발전을 기원합니다.
이번에 본인은 당사의 주주총회 결의에 따라 전무이사로 취임하여 본사에서 근무하게 되었습니다.
제가 제주도 지사장으로 근무할 때 본인에게 베풀어주신 각별한 후의와 배려에 대하여 진심으로 감사드립니다. 앞으로도 관심과 지도 편달을 바랍니다.
본인의 능력은 미력하지만, 당사에 맡겨진 사회적 역할을 다할 수 있도록 제게 맡겨진 역할과 임무에 최선을 다해 노력할 각오입니다. 아무쪼록 아낌없는 지원과 협력을 바라는 바입니다.
우선, 서면으로 인사를 드리고 후일 시간을 내어 찾아뵙도록 하겠습니다.

20XX년 4월 10일

(주)◎◎물 산
專務理事 李 仲 浩

이름	직책	회사명	부서명	주소	우편번호
홍길동	실장	이화상사(주)	기획실	서울시 서대문구 대현동 11-1	12075
오필승	주필	조선일보사	편집부	경기도 고양시 일산구 마두동 719	41135
김유미	부장	한국비서협회	대외협력부	경기도 광명시 철산1동 56-105	42031
장그래	사원	원 인터내셔널	영업2팀	서울특별시 중구 남대문로5가	65741
노지욱	변호사	변앤파트너스		서울특별시 마포구 백범로 205	32541
최 웅	실장	서울대학교	홍보실	서울시 관악구 봉천동 53-098	25235
김성룡	과장	TQ그룹	경리부	서울특별시 영등포구 여의공원로 13	07325
김민성	팀장	(주)메리츠	DB관리팀	대구광역시 수성구 봉덕동 85-67	54710
황시목	검사	서울서부지방검찰청	형사3부	서울특별시 마포구 마포대로 174	22485
강감찬	이사	㈜ 부천	비서실	경기도 부천시 원미구 심곡동 424	12356
한여진	경위	용산경찰서	강력계	서울특별시 용산구 원효로89길 24	15474

(주) ◎ ◎ 물 산

서울시 서초구 서초동 1가 24-2   TEL. : (02) 544-2525   FAX. : (02) 544-2526

조직 개편 인사장

협력업체 및 거래처 관계자 제위

　결실의 계절 가을을 맞이하여 귀사와 귀하의 발전을 진심으로 기원하며, 그동안 당사를 변함없이 성원해 주신 데 대하여 머리 숙여 감사의 마음을 전합니다.

　당사는 지금까지의 비효율적이었던 업무 시스템을 개선함과 동시에 고객 서비스의 향상을 위해 조직을 전면적으로 개편하고, 그에 따른 각 담당 부서의 책임자를 새로 임명하였습니다. 이로써 협력업체 및 거래처 고객 여러분께 서비스의 내용과 질적인 면에서 충실을 기할 것이며, 당사 임직원 모두는 현재의 업무 시스템을 획기적으로 변화시킬 수 있도록 최선을 다하고자 합니다.

　향후의 업무 처리와 협의는 첨부한 별첨의 업무 조직도를 참고하시어 업무에 착오가 없으시길 바랍니다. 외람되오나, 우선 서면으로 인사를 대신합니다.

별첨 20XX년 9월 변경된 조직도(담당자와 연락처 포함) 1부

20XX년 9월 9일

㈜ ◎ ◎ 물 산
대표이사 사장 홍 길 동 배상

㈜◎◎물산

서울시 서초구 서초동 1가 24-2   TEL. : (02) 544-2525   FAX. : (02) 544-2526

주주총회 소집 통지서

문서번호 : 기획 20XX-147
수   신 : ㈜◎◎물산 주주 각위
제   목 : 제55기 정기 주주총회 안내

　당사 정관 15조의 규정에 의하여 아래와 같이 제55기 정기 주주총회를 개최하오니 각 주주님께서는 참석해 주시기 바랍니다.
　아울러, 본 의안 중에는 정족수의 출석을 필요로 하는 의안이 있으므로 당일 참석하실 수 없는 주주님께서는 동봉한 위임장에 찬반 여부를 명시하시어 기명날인 후 반송해 주시기를 부탁드립니다.

- 아   래 -

1. 일 시 : 20XX년 3월 3일(목) 10:00 A.M.
2. 장 소 : 당사 17층 대회의실
3. 의 안
　제1호 제54기(20XX년 1월 1일 ~ 20XX년 12월 31일) 영업 보고서, 손익계산서 및 이익금 처분
　　　　승인 건
　제2호 대표이사 변경의 건
　제3호 임기 만료에 따른 이사 및 감사 선임의 건

20XX년 2월 14일

㈜◎◎물산 대표이사 서 동 재

(주)◎◎물산

서울시 서초구 서초동 1가 24-2　TEL.: (02) 544-2525　FAX.: (02) 544-2526

홍보 20XX-159　　　　　　　　　　　　　　　　　　20XX년 2월 10일

신제품 ◎◎◎ 설명회 안내

프랜차이즈 영업점 점주 제위

　저희 제품을 구매해 주시는 프랜차이즈 영업점의 무궁한 발전을 기원합니다.
　당사에서는 최근 기존 모델 'BB-555'에 비해 무게를 절반으로 줄여 개선한 초경량 신제품 'BB-556'의 개발을 완료하여 판매를 시작하게 되었습니다.
　본 제품은 무게뿐만 아니라, 초보자도 간단하게 다룰 수 있도록 조작 기능을 개선했으며, 전문가들도 만족할 수 있도록 새로운 기능을 추가했습니다. 특히, MZ세대의 기호에도 어울릴 수 있는 디자인과 색상 면에서 다양한 모델을 선보임으로써 판매점의 매출 증가에 크게 기여할 것으로 확신합니다.
　이에 당사에서는 각 판매점을 대상으로 신제품 설명회를 아래와 같이 개최하게 되었습니다.

- 아　래 -

1. 일　시 : 9월 1일(수) 오후 2시 ~ 5시
2. 장　소 : ◎◎◎ 호텔 이벤트홀(지하철 2호선 ◎◎역 하차 도보 3분)
3. 내　용 : 신제품 설명 및 시연 행사, 판매 전략 소개

　바쁘시더라도 참석하시어 자리를 빛내 주시고 신제품의 우수성을 직접 확인해 주시기를 부탁드립니다.

(주)◎◎물산 대표이사 서 동 재

축 하 장

20XX년 1월 10일

㈜한국유통
홍길동 상무이사 귀하

　희망찬 계묘년(癸卯年) 새해를 맞이하여 홍길동 상무이사님의 건승과 행운을 기원합니다. 평소 변함없는 성원을 보내주신 데 대하여 깊이 감사드립니다.

　새해 정기 임원 인사에서 상무이사로 취임하시게 되었다는 낭보를 전해 들었습니다. 그동안 회사의 성장을 위해 몸을 아끼지 않고 열정적으로 일하신 당연한 결과라고 생각됩니다. 상무이사가 되신 후에도 지금까지 쌓은 경험과 리더십을 발휘하신다면 회사의 성장에 큰 힘이 될 것이라 믿어 의심치 않습니다.

　우리 회사 임직원들도 상무이사님의 노력이 헛되지 않도록, 그리고 양사가 동반 성장할 수 있도록 최선을 다해 협력하겠습니다. 그리고 건강관리에 주의하셔서 더욱더 활약하시길 기원합니다.

　먼저 서면으로 상무이사 취임을 축하드립니다.

㈜○○물산
대표이사 서동재 배상

(주) ◎◎ 물 산

서울시 서초구 서초동 1가 24-2   TEL. : (02) 544-2525   FAX. : (02) 544-2526

서울시 서대문구 충정로 11가 4번지
 (주) 유한건설
  대표이사 신 동 엽 귀하

감 사 장

 ◎◎◎의 계절을 맞아 귀하의 평안과 무궁한 발전을 기원합니다.
 금번에 본인이 당사의 대표이사 사장에 취임한 것에 대하여 정중한 축하 인사와 힘찬 격려의
말씀을 주신 것에 대하여 진심으로 감사의 말씀을 드립니다.
 국내외의 경제 사정이 어려운 이때에 중책을 맡게 되어 그 책임의 중차대함을 새삼 느끼고
있는 바입니다. 책임감을 가지고 여러분의 지도와 관심을 바탕으로 더욱더 사업에 매진할 각오로
임하고자 합니다.
 아무쪼록 앞으로도 아낌없는 배려와 관심을 베풀어 주실 것을 부탁드리오며, 예의가 아닌
줄은 아오나 우선 서면으로 인사드리고 후일 직접 찾아뵙도록 하겠습니다.

                    20XX년 9월 10일

                        (주) ◎ ◎ 물 산
                        代表理事 柳 載 錫

감 사 장

20XX년 4월 19일

㈜ 우주 산업 제주지사
강 감 찬 지사장 귀하

귀하와 제주지사의 무궁한 발전을 진심으로 기원합니다.

일전에 제가 제주지역을 방문하였을 때, 지사장님께 큰 신세를 졌습니다. 진심으로 감사의 인사를 전합니다.

제가 제주지역을 방문한 것은 처음이었는데, 저의 이러한 사정을 아시고 적극적으로 도와주셔서 무사히 출장업무를 마칠 수 있었습니다. 지사장님의 바쁘신 일정 중에도 불구하고, 자세하게 지도편달해주셨으며, 또한 제주지역의 많은 분들과 미팅할 기회를 마련해 주셨습니다.

비록 단기간의 출장이었지만, 지사장님 덕분에 큰 성과를 얻을 수 있었습니다. 이번 출장에서의 지사장님 도움을 잊지 않을 것이며, 향후 부족한 점이 있으면 아낌없이 지도해 주시기를 부탁드립니다.

㈜ ◎ ◎ 물 산
대표이사 서동재 배상

訃 告

密陽 朴 ○○씨께서

20XX년 00월 00일 00시에 지병으로

별세하셨기에 삼가 알려 드립니다.

아 들 박 ○ ○
딸   박 ○ ○
        박 ○ ○

빈   소 : 국립의료원(서울시 을지로6가)
발인일시 : 2008년 00월 00일 08:00
장   지 : 경기도

20XX년 00월 00일

호 상 : ○○○
연락처 : 000-0000-0000

訃　告

○○○氏 大人 ○○ 貫 ○○氏　公以 老患(병명 또는 사망원인) ○○年 ○○月 ○○日 ○○時 ○○分(陰 ○○月 ○○日) 於 自宅(자택 또는 사망장소 기재) 別世 玆以訃告.

    1. 永訣式場(영결식장) : ○○洞 ○○病院 ○○時
    2. 發靷日時(발인일시) : ○○月 ○○日 ○○時
    3. 葬地場所(장지장소) : ○○病院 靈安室
    4. 葬　地(장　지) : ○○郡 ○○面 ○○里　先瑩
    5. 連 絡 處(연 락 처) : 000-0000-0000

夫君, 未亡人(부군 또는 미망인) : ◎◎◎
嗣子(사자, 맏아들) : ◎◎◎
次子(차자, 차남) : ◎◎◎
孫(손, 손자) : ◎◎◎
子婦(자부, 며느리) : ◎◎◎
女壻(여서, 사위) : ◎◎◎
姪(질, 조카) : ◎◎◎

               20XX 年　　月　　日
               好喪(호상) ◎ ◎ ◎

※ 부고장에 주로 사용되는 용어
① 부고(訃告) : 상을 당한 사실을 일가친척, 친지들에게 알리는 일
② 호상(護喪) : 장례에 관한 모든 일을 맡아서 진행하는 사람
③ 상주(喪主) : 고인의 자손으로 장례를 주관하는 사람
④ 장지(葬地) : 시신을 화장하여 납골하는 장소 또는 매장하는 장소
⑤ 발인(發靷) : 상가(장례식장)에서 영구를 운구하여 장지로 떠나는 일
⑥ 빈소(殯所) : 문상객의 문상을 받기 위하여 고인의 영정이나 혼백을 모셔 놓은 장소
⑦ 장례식장(葬禮式場) : 장례의식을 행하고 서비스를 제공할 수 있는 시설을 갖춘 장소

조 의 문

20XX년   5월   15일

㈜ 우주 산업
장 의 위 원 회 귀중

  삼가 고인의 명복을 빕니다.

  귀사의 대표이사 사장 홍길동 님께서 타계하셨다는 소식을 듣고 삼가 애도를 표합니다. 아울러
당사의 임직원들도 애통한 마음을 금할 수가 없습니다.

  고인께서는 생전에 당사를 협력업체 이상으로 배려해 주셨을 뿐만 아니라, 지원을 아끼지 않으셨기
에 비통한 마음과 함께 안타까울 뿐입니다.

  모쪼록 고인의 경영 이념이 후세에까지 이어질 수 있도록 전 임직원이 합심하여 노력해 주시기를
당부드립니다. 아울러, 당사에서도 지금까지 그래왔던 것처럼 협력과 지원을 아끼지 않겠습니다.

  다시 한번, 고인의 영면을 빌면서 이만 줄입니다.

  부득이하여 결례를 무릅쓰고 서면으로 조의를 대신합니다.

㈜ ◎ ◎ 물 산
대표이사 서동재 배상

삼가 감사의 인사를 드립니다.

지난 OO월 OO일 저희 아버님께서 소천하셨을 때
위로와 호의를 베풀어주심에 깊은 감사의 인사를 드립니다.

일일이 찾아뵙고 인사를 드리는 것이 도리인 줄 아오나
황망한 중이라 우선 서면으로 인사드리오니
넓으신 사랑으로 헤아려 주시기 바라오며
빈소가 비좁고 혼잡하여 조문 시 불편함이 컸을 줄 압니다.
이 또한 넓으신 아량으로 양지하여 주시기를 간청드립니다.

아울러 귀댁의 애경사가 있을 때 알려주시면
함께 기쁨과 슬픔을 나눌 기회로 삼아
정중히 찾아뵐 것을 약속드리며
늘 가정과 하시는 일이 잘 되길 기원합니다.

20XX년 OO월 OO일

아 들 : ◎◎◎(며느리 ◎◎◎)
큰 딸 : ◎◎◎(사 위 ◎◎◎)
둘째딸 : ◎◎◎(사 위 ◎◎◎) 올림

삼가 人事 드립니다

지난 3월 8日 저희 아버님이
돌아가셨을 때 公私間에 여러 가지로
바쁘심에도 不拘하시고 慰勞의 마음과
더불어 따뜻한 관심으로 보살펴 주신
德分에 무사히 저희 어머님의 葬禮를
잘 모셨기에 우선 書面으로나마 感謝의
말씀을 드립니다.

마땅히 일일이 찾아뵙고 人事를 드리는
것이 道理인 줄 아오나 아직 景況이 없어
이처럼 글월로써 대신하오니 너그러우신
마음으로 헤아려 주시기 바랍니다.

20XX 3月

홍길동 배상

삼가 人事 드립니다.

이번 저희 母親 喪事時에 베풀어 주신 各別한
慰勞와 厚意에 대하여 깊은 感謝를 드립니다.
고마운 마음을 直接 찾아뵙고 人事 드리는
것이 道理 이오나 먼저 글로 代身하오니 너그러이
諒解하여 주시기 바랍니다.
다시 한 번 고개 숙여 感謝의 人事를 드리며 貴宅에
항상 健康과 幸福이 充滿 하시기를 祈願합니다.
아울러 貴宅의 慶事나 哀事時에는 꼭 連絡을
주시어 베풀어주신 恩惠에 報答 할 수 있는
機會를 주시기 바라며 고마운 마음 오래도록
간직하겠습니다.
感謝 합니다.

20XX年 8月

子   한무송·한무백·한무영·한무권
子婦   하진미·윤미섭·변진동·노정민
女   한무숙
사위   강세인
孫子   한수동·한재동·한요동·한준동
孫婦   장지영
孫女   한유정·한소동·한지동·한은나래
外孫子 이종희
外孫女 김고은
                              拜上

기업의 목적은 이윤추구이다. 이러한 기업의 목적에 맞도록 조직의 외부의 거래처와 주고받는 거래문서는 비지니스 상에서 상품이나 용역을 사고팔거나, 서로 돈을 융통하는 등의 업무를 처리하기 위해 작성하는 문서이다. 기업 간에 발생하는 거래관계는 물품의 주문 및 거래대금의 지급 및 확인 등의 일련의 과정에서 필요한 여러 문서를 포함한다. 신규거래나 매매거래 등은 아무리 간단한 내용일 경우라도 업무상의 실수나 발생 가능한 문제를 방지한다는 의미에서 문서로 작성해야 하며, 작은 실수도 큰 실수로 이어질 수 있으므로 특별히 주의를 기울여야 한다. 기업에서 자주 사용되는 거래문서의 종류는 다음과 같다.

나. 견적의뢰서(見積依賴書) 및 견적서(見積書)

견적의뢰서는 상품의 공급 등에 있어 공급자가 주문자에게 공급 가능한 내용 및 제반 비용을 미리 알려주기를 바란다는 내용의 문서이다. 견적의뢰서에 대한 응답으로 견적서를 작성하게 되는데 견적서는 거래가격의 산정내용이 포함된 견적계산서, 주문자가 제시한 제반 사항 및 조건 그리고 유효기간 등의 내역을 밝히는 문서이다.

나. 주문서(注文書)

주문서는 물품의 생산, 수송이나 서비스의 제공을 수요자가 공급자에게 신청하고자 여러 가지 필요한 사항을 기재한 문서이다. 주문서는 일반적으로 계약서와 동일한 효력을 지니며, 주문서의 내용에는 주문서번호, 주문일자, 주문자 정보, 주문물품, 운송방법, 납품기일, 지불방식 및 조건, 특이사항 등을 기재한다.

다. 통지서(通知書)

통지서는 어떤 사실이나 소식이나 결과를 전하여 알리는 문서로, 비지니스 거래관계에서 작성하는 통지서는 상품 발송통지서, 입금·송금통지서 등이 있다. 상품발송통지문은 상대방에게 주문한 물품이 발송된 것을 통보하는 문서로 상품에 관한 정보를 정확히 기재하여 발송하는 문서이다.

라. 청구서(請求書)와 영수증(領收證)

비즈니스 거래관계에서 물품에 대한 거래가 종결되면 공급자는 돈이나 세금, 요금 따위를 요구하는 내용의 문서인 청구서를 주문자에게 발송하고, 물품의 대금이 공급자에게 지급되면 돈이나 물건 등을 정확히 수령하였다는 표시로 쓰는 증서인 영수증을 작성하여 발송한다.

콘텐츠사업부 제357호   20XX년 10월 22일

서울시 서초구 서초동 1가 24-2
한 국 유 통 (주)
해외영업부 귀중

MUSE 기획 ㈜
대표 강 감 찬 ㉑
☎ (02)3456-7890

신규 거래 요청서

1. 신록의 계절을 맞아 귀사의 무궁한 발전을 기원합니다.

2. 다름이 아니라 귀사와의 신규 거래를 요청하기 위하여 이렇게 서신을 올립니다.

3. 당사는 콘텐츠 비즈니스 분야 전문업체로서 지난 20여 년 동안을 오직 콘텐츠 비즈니스 사업에만 주력했습니다.

4. 당사는 판매망을 전국적으로 대폭 확장할 계획인바, 유럽 지역에서의 판매는 독보적인 유통망을 가진 귀사에 부탁하고 싶습니다.

5. 당사의 사업실적서와 참고자료를 동봉하오니 검토하여 주시기 바라며, 귀사가 저희의 이러한 뜻을 받아주신다면 곧바로 담당자를 파견하겠습니다. 구체적인 거래 조건에 대해서는 그때 상세하게 협의하겠습니다. 아무쪼록 좋은 결과가 있기를 기대하며, 귀사의 앞날에 영광과 행운이 함께 하시길 기원합니다.

    ※별 첨　1. 사업 실적서 1부.
               2. 홍보 브로셔 1부.

이상

구매 제2511호   20XX년 10월 17일

◎◎◎유통(주) 영업부
윤 영 진 팀장 귀하

                              ◎◎ 주식회사 구매부
                              정 한 호 과장 ㉞

견 적 의 뢰 서

귀사의 무궁한 발전을 기원합니다.
  앞서 송부하여 주신 카탈로그의 제품번호 S-103을 구매하고자 합니다. 이와 관련하여 다음의
조건에 따른 견적을 부탁드립니다.
  또한 향후 추가 수요가 전망될 예정입니다. 전체 수량이 정해지면 가격할인이 가능한지 여부와
기준 수량이 어느 정도인지 자세한 사항을 명시해 주시면 감사하겠습니다.

- 다   음 -

1. 견적 물품
   가. 품목 : 제품번호 S-103
   나. 수량 : 200개

2. 거래 조건
   가. 납 기 일 : 20XX년 10월 31일
   나. 인도장소 : 당사 물류 창고
   다. 운송방법 : 귀사 일임
   라. 운임비용 : 당사 부담
   마. 지불조건 : 물건도착 후 60일 이내 현금 지불

                                                이상

(주) ◎ ◎ 물 산

서울시 서초구 서초동 1가 24-2   TEL. : (02) 544-2525   FAX. : (02) 544-2526

영업 20XX-852   20XX년 6월 4일

수　신 : 대한 ㈜ ◎◎◎ 영업부장 귀하
발　신 : (㈜ ◎◎물산 ◎◎◎ 영업부장
제　목 : 견적서 의뢰의 건

　귀사의 무궁한 발전을 기원합니다.
　귀사의 명성은 익히 들어서 잘 알고 있습니다. 다름이 아니오라, 당사에서 새로 개발한 제품(serial number CND0123)의 부품 제작을 의뢰하고자 합니다. 부품 제작 사양과 제작 내역은 첨부한 설계도를 참조해 주시기 바랍니다.
　외람되지만, 당사의 생산 일정이 시급한 상황이오라 오는 6월 10일까지 당사에 도착할 수 있도록 다음의 내용을 포함한 견적서를 발송해주시기를 부탁드립니다. 감사합니다.

- 다　음 -

1. 제품 CND0123 : 20,000개 제작시 단가
2. 제품 CND0123 : 40,000개 제작시 단가
3. 제작 의뢰에서 납품일까지의 제작 기간
4. 제작 설계도 1부

이상.

見 積 書

No. 20XX-238

(株) 韓國流通

漢陽株式會社　貴中

代表理事 洪 吉 東

西紀 20XX年 10月 20日

서울市 永登浦區 大林洞 123

下記와 如히 見積합니다.

TEL. : (02)789-7890

FAX. : (02)789-0090

合計金 : 一金＿＿＿＿＿＿ 원정 (₩＿＿＿＿＿＿)

品名및番號	規格	數量	單價	供給價格	備考
1. 모니터		10	250,000	2,500,000	
2. 本 體		10	398,000	3,980,000	
3. 마우스		15	17,000	255,000	
4. 키보드		12	35,000	420,000	
5. 프린터		5	210,000	1,050,000	
合 計					

條件

　見積書 有效期間 6個月

支拂條件 : 1. 物件 到着 後 60日 約束語音 支給

2. 運送 諸費用(₩600,000원) 堂舍 負擔

納期期日 : 20XX年 10月 31日

[예제 21-1] 견적의뢰서 Data

No.	이름	직책	회사명	부서명	주소	우편번호	문서번호	제품번호	수량	단가	납기일
1	홍길동	실장	이화상사(주)	기획실	서울시 서대문구 대현동 11-1	12075	2511	S-103	200	₩55,000	2022년 10월 31일
2	오필승	주필	조선일보사	편집부	경기도 고양시 일산구 마두동 719	41135	2512	S-104	210	₩55,500	2022년 11월 1일
3	김유미	부장	한국비서협회	대회협력부	경기도 광명시 철산1동 56-105	42031	2513	S-105	220	₩56,000	2022년 11월 2일
4	장그래	사원	대우인터내셔널	영업2팀	서울시 강남구 삼성로 535	65741	2514	S-106	230	₩56,500	2022년 11월 3일
5	노지욱	변호사	변앤파트너스	법무1팀	서초구 서초중앙로 203	6593	2515	S-107	240	₩57,000	2022년 11월 4일
6	최 웅	실장	서울대학교	홍보실	서울시 관악구 봉천동 53-098	25235	2516	S-108	250	₩57,500	2022년 11월 5일
7	김성룡	과장	TQ그룹	경리부	서울특별시 영등포구 여의공원로 13	7325	2517	S-109	260	₩58,000	2022년 11월 6일
8	김민성	팀장	(주)메리츠	DB관리팀	대구광역시 수성구 봉덕동 85-67	54710	2518	S-110	270	₩58,500	2022년 11월 7일
9	황시목	검사	서울서부지방검찰청	형사3부	서울시 마포구 마포대로 174	22485	2519	S-111	280	₩59,000	2022년 11월 8일
10	강감찬	이사	㈜부천	비서실	경기도 부천시 원미구 심곡동 424	12356	2520	S-112	290	₩59,500	2022년 11월 9일
11	한여진	경위	용산경찰서	강력계	서울시 용산구 원효로89길 24	4314	2521	S-113	300	₩60,000	2022년 11월 10일

(주)◎◎물산

서울시 서초구 서초동 1가 24-2   TEL. : (02) 544-2525   FAX. : (02) 544-2526

영업 20XX-123   20XX년 11월 11일

수   신 : 대한 ㈜◎◎◎ 영업부장 귀하
발   신 : ㈜◎◎물산 ◎◎◎ 영업부장
제   목 : 거래 조건 변경 확인

　귀사의 발전을 기원합니다. 또한 당사와의 거래 업무 처리에 적극 협력해 주신 데 대하여 진심으로 감사드립니다.
　조회할 내용은 다름이 아니고, 현재 당사에서 구매 중인 귀사의 제품에 대하여 다음 연도에도 구매 계약을 체결하고자 합니다. 바쁘신 가운데 죄송합니다만, 아래 사항에 대하여 내년 3월 이후의 거래 조건에 변경 여부를 알려주시기 바랍니다. 당사의 내년도 사업계획 수립에 반영하기 위함이오니 11월 30일까지 답변 주시면 감사하겠습니다.

- 아   래 -

　1. 거래 품목별 판매가격에 대한 귀사의 의견
　2. 거래 품목별 사양 변경 여부에 대한 귀사의 의견
　3. 대금 청구 및 지급 조건에 대한 귀사의 의견
　4. 기타 거래 조건에 대한 귀사의 의견

이상.

(주)◎◎물산

서울시 서초구 서초동 1가 24-2   TEL. : (02) 544-2525   FAX. : (02) 544-2526

인사 20XX-463   20XX년 2월 10일

수신자 : ◎◎대학교 홍길동 교수 귀하
발신자 : ㈜◎◎물산 인사부장 한길수
제 목 : 중간 관리자 연수 강연 초빙(의뢰)

　홍길동 교수님의 건승을 진심으로 기원합니다.
　당사에서는 매년 3월에 과장급 이상의 중간 관리자를 대상으로 직무연수를 시행하고 있습니다. 이번 연수에서는 사회 각 분야에서 활발하게 활동하시는 분들을 모시고 강연을 듣고자 합니다.
　교수님께서는 전략경영 분야에서 뛰어난 업적을 보여 주셨을 뿐만 아니라, 교수님의 저서가 독자들로부터 큰 반응을 얻고 있습니다. 교수님의 저서에서 소개하신 ◎◎◎경영론을 주제로 강연을 부탁을 드리고자 합니다.
　당사의 연수 일정은 아래와 같습니다. 교수님의 강연 일정을 고려하시어 2월 20일까지 가능 여부를 알려주시기 바랍니다. 감사합니다.

- 아　래 -

1. 일　시 : 20XX년 3월 20일(金) 13:00 ~ 15:00
2. 장　소 : 충남 당진시 소재 당사 연수원
3. 대　상 : 당사 관리직 60명
4. 강연료 : ₩ 1,000,000(교통비 포함)

이상.

(주)◎◎물산

서울시 서초구 서초동 1가 24-2   TEL. : (02) 544-2525   FAX. : (02) 544-2526

문서번호 : 구매 20XX-463

수   신 : ㈜ 한국기업 영업팀장 ◎◎◎ 귀하

발   신 : ㈜ ◎◎물산 구매팀장 ◎◎◎

제   목 : 신규 거래 신청의 건

귀사의 발전을 진심으로 기원합니다.

당사에서는 귀사와의 거래를 제안하고자 제안서를 발송하게 되었습니다. 당사는 지금까지 ◎◎◎ 지역에 50개의 프랜차이즈를 개설하여 사무용품 관련 제품을 판매하고 있으며, 동 지역에서 85%의 점유율을 확보하고 있습니다.

그런데 지금까지 귀사와는 인연이 닿지 않아서 귀사의 제품을 취급하고 있지 않습니다. 최근 소비자들로부터 귀사의 제품에 대한 주문이 급격히 증가하고 있어 귀사의 제품을 당사의 프랜차이즈 영업점에서 판매하고자 합니다. 이에 정식으로 거래를 신청하오며, 당사의 제안을 검토해주시기 바랍니다.

귀사에서 신규 거래 신청에 의사가 있으시다면, 답변 주시는 대로 담당자가 방문하여 협의토록 하겠습니다.

별첨 1. 당사 홍보 브로서 1부

　　 2. 프랜차이즈 영업점 현황 리스트 1부

20XX년 2월 10일

Chapter 13
기타 문서

1. 레이블(Label)과 편지병합

사무업무에서 업무의 효율화를 위해 빈번히 사용되는 레이블과 편지병합 문서는 Ms-Word와 한글 그리고 레이블(Label) 제조사 소프트웨어 등으로 작성할 수 있다. 레이블은 동일한 디자인으로 여러 장의 레이블을 출력하는 문서작성 방법이고, 편지병합은 각각의 레이블에 주소 등과 같은 각각 다른 내용을 출력하는 문서작성 방법이다. 레이블과 편지병합으로 작성할 수 있는 문서는 편지, 전자메일 메시지, 봉투, 레이블, 디렉터리 등을 작성할 수 있다.

가. 레이블 작성
Ms-Word로 주소 레이블 문서를 작성하는 방법은 다음과 같다.

- [도구]-[편지]-[봉투 및 레이블] 누르기
- [봉투 및 레이블] 대화상자-[옵션] 선택-[레이블 정보] 제조사 및 레이블 용지의 제품번호 선택-확인
- 내용입력창에 인쇄할 내용 입력 ex) 주소
- [인쇄] 옵션에서 [페이지 전체에 같은 레이블 반복] 또는 [레이블 하나만] 선택
- 레이블 인쇄를 하기 전에 [인쇄] 또는 [새문서] 선택
- 같은 방법으로 봉투 작성 가능

나. 편지병합

Ms-Word로 주소 레이블 문서와 편지병합 문서를 작성하는 방법은 다음과 같다. 이는 각각의 레이블 이나 문서에 주소나 편지 내용 등과 같은 내용을 각기 다른 내용으로 출력하거나 문서로 저장하는 방법이다. 이 때 새로 주소록을 만드는 방법과 기존 주소록을 사용하는 방법을 사용할 수 있다.

- 기존의 주소록을 이용하여 편지를 출력할 때
  - 사용할 편지 양식 또는 새문서 열기
  - 레이블 또는 편지 작성에 필요한 내용을 포함하는 '필드명(이름, 직책, 회사명, 부서명, 주소, 우편번호 등)'이 포함된 주소록(데이터 파일) 준비
  - 데이터 파일은 Ms-Word, Ms-Excel, Ms-Access, Ms-Outlook 등의 형태임
  - [편지]-[편지병합 시작]-[편지]-[받는사람 선택]-[기존목록 사용]-데이터 파일 선택-[열기], 이 때 데이터 파일 닫기
  - 필요에 따라서 [받는사람 목록 편집] 사용
  - [병합필드 삽입]-필요한 위치에 필드명(이름, 직책, 회사명, 부서명, 주소, 우편번호 등) 클릭하여 삽입
  - [결과 미리보기]로 페이지를 넘겨 내용 확인

• [완료 및 병합]-[개별 문서 편집] 또는 [문서 인쇄], [개별 문서 편집]은 새문서로 병합된 문서 생성, [문서 인쇄]는 문서 생성없이 출력

– 주소록을 새로 만들어 레이블을 출력할 때
  • 레이블 작성에 필요한 내용을 포함하는 '필드명(이름, 직책, 회사명, 부서명, 주소, 우편번호 등)'이 포함된 주소록(데이터 파일) 준비
  • [편지]-[편지병합 시작]-[레이블]-[레이블 옵션] 제조사 및 레이블 용지의 제품번호 선택-[확인]
  • [받는사람 선택]-[새 목록 입력]-[새 주소 목록]활성화-[새항목]으로 추가하여 필요한 필드 입력
  • 필요에 따라서 [받는사람 목록 편집] 사용
  • [병합필드 삽입]-필요한 위치에 필드명(이름, 직책, 회사명, 부서명, 주소, 우편번호 등) 클릭하여 삽입, [필드] 삽입 후 [레이블 업데이트] 클릭
  • [결과 미리보기]로 페이지를 넘겨 내용 확인 후 '페이지 번호 1'로 선택
  • [완료 및 병합]-[개별 문서 편집] 또는 [문서 인쇄], [개별 문서 편집]은 새문서로 병합된 문서 생성, [문서 인쇄]는 문서 생성없이 출력

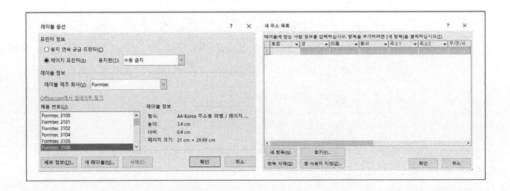

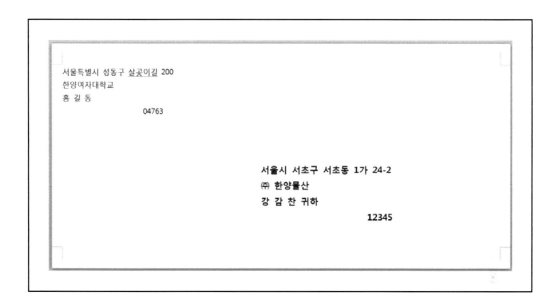

서울특별시 성동구 살곶이길 200
한양여자대학교
홍 길 동
　　　　　04763

　　　　　　　　　　서울시 서초구 서초동 1가 24-2
　　　　　　　　　　㈜ 한양물산
　　　　　　　　　　강 감 찬 귀하
　　　　　　　　　　　　　12345

서울특별시 성동구 살곶이길 200 ◎◎여자대학교 홍 길 동 귀하 <div align="right">04763</div>	서울특별시 성동구 살곶이길 200 ◎◎여자대학교 홍 길 동 귀하 <div align="right">04763</div>
서울특별시 성동구 살곶이길 200 ◎◎여자대학교 홍 길 동 귀하 <div align="right">04763</div>	서울특별시 성동구 살곶이길 200 ◎◎여자대학교 홍 길 동 귀하 <div align="right">04763</div>
서울특별시 성동구 살곶이길 200 ◎◎여자대학교 홍 길 동 귀하 <div align="right">04763</div>	서울특별시 성동구 살곶이길 200 ◎◎여자대학교 홍 길 동 귀하 <div align="right">04763</div>
서울특별시 성동구 살곶이길 200 ◎◎여자대학교 홍 길 동 귀하 <div align="right">04763</div>	서울특별시 성동구 살곶이길 200 ◎◎여자대학교 홍 길 동 귀하 <div align="right">04763</div>
서울특별시 성동구 살곶이길 200 ◎◎여자대학교 홍 길 동 귀하 <div align="right">04763</div>	서울특별시 성동구 살곶이길 200 ◎◎여자대학교 홍 길 동 귀하 <div align="right">04763</div>
서울특별시 성동구 살곶이길 200 ◎◎여자대학교 홍 길 동 귀하 <div align="right">04763</div>	서울특별시 성동구 살곶이길 200 ◎◎여자대학교 홍 길 동 귀하 <div align="right">04763</div>
서울특별시 성동구 살곶이길 200 ◎◎여자대학교 홍 길 동 귀하 <div align="right">04763</div>	서울특별시 성동구 살곶이길 200 ◎◎여자대학교 홍 길 동 귀하 <div align="right">04763</div>
서울특별시 성동구 살곶이길 200 ◎◎여자대학교 홍 길 동 귀하 <div align="right">04763</div>	서울특별시 성동구 살곶이길 200 ◎◎여자대학교 홍 길 동 귀하 <div align="right">04763</div>

서울시 서대문구 대현동 11-1 이화상사(주) 기획실 실장 홍길동 귀하 12075	경기도 고양시 일산구 마두동 719 조선일보사 편집부 주필 오필승 귀하 41135
경기도 광명시 철산1동 56-105 한국비서협회 대외협력부 부장 김유미 귀하 42031	서울특별시 중구 남대문로5가 원 인터내셔널 영업2팀 사원 장그래 귀하 65741
서울특별시 마포구 백범로 205 변앤파트너스 변호사 노지욱 귀하 32541	서울시 관악구 봉천동 53-098 서울대학교 홍보실 실장 최 웅 귀하 25235
서울특별시 영등포구 여의공원로 13 TQ그룹 경리부 과장 김성룡 귀하 07325	대구광역시 수성구 봉덕동 85-67 (주)메리츠 DB관리팀 팀장 김민성 귀하 54710
서울특별시 마포구 마포대로 174 서울서부지방검찰청 형사3부 검사 황시목 귀하 22485	경기도 부천시 원미구 심곡동 424 ㈜ 부천 비서실 이사 강감찬 귀하 12356
서울특별시 용산구 원효로 89길 24 용산경찰서 강력계 경위 한여진 귀하 15474	귀하
귀하	귀하

창립 50주년 기념	창립 50주년 기념
창립 50주년 기념	창립 50주년 기념
창립 50주년 기념	창립 50주년 기념
창립 50주년 기념	창립 50주년 기념
창립 50주년 기념	창립 50주년 기념
창립 50주년 기념	창립 50주년 기념
창립 50주년 기념	창립 50주년 기념
창립 50주년 기념	창립 50주년 기념

이메일(E-mail)

이메일(e-mail)은 인터넷상에서 작성된 서면 메시지로 전자 우편이라는 뜻이다. 이메일은 정보를 공유하고 의사소통하기 위한 조직내외의 구성원들에게는 빠르고 편리한 의사소통 방법으로 비즈니스상에서 널리 사용되고 있다. 이메일은 단순히 문자, 편지 외에도 사진, 음악, 동영상 등 모든 종류의 컴퓨터 파일을 시간과 공간의 제한 없이 전송할 수 있게 되었다. 이메일을 주고받기 위해서는 이메일 주소(계정)가 필요한데, 이메일 주소는 @를 기준으로 두 부분으로 구분된다. @를 기준으로 두 부분으로 나뉘는데, 앞부분에는 사용자가 원하는 id가 들어가고 뒷부분에는 전자 우편 서비스를 제공하는 회사나 기관의 도메인 이름이 들어간다.

이메일은 시간과 공간의 제약이 전혀 없다는 점과, 보내고 받은 내용이 모두 자동으로 기록된다는 점, 이메일 주소만 알면 상대방이 같이 인터넷에 접속해있지 않아도 보낼 수 있는 점, 여러 명에게 방대한 종류의 데이터를 보낼 수 있다는 점에서 비즈니스에서 유용하게 사용된다. 효과적인 이메일의 사용은 비즈니스 에티켓의 필수 요소이다. 따라서 이메일을 받았을 경우, 최대한 퇴근하기 전에 답장을 보내고 상대방이 요구한 해동을 즉시 할 수 없는 상황이라면 '언제까지 하겠다'라고 응답하고 답장을 보낼 때는 '전체답장'을 기본으로 한다. 또한 3일 이상 부재시 부재중 자동응답을 설정한다. 이때 이메일 내용은 부재 종류(휴가 등), 업무복귀일, 업무대행자와 연락처 등을 포함한다.

비즈니스 문서작성 Tip

- 문장은 두괄식으로!
- 업무에 대한 근거는 최소한 3가지로!
- 불필요한 수식어를 줄이고 숫자로 표현!
- 주제가 여러 가지일 때 한 주제를 완결하고 다음 주제로!
- 업무종료시에는 3W(누가/who, 무엇을/what, 언제까지/until when)를 반드시 확인!

비즈니스 이메일 작성을 위해서는 간결한 제목을 사용하고 실명으로 작성하여야 하며 수신자 및 참조(CC, BCC)를 잘 활용하여야 한다. 또한 본문은 간결하고 핵심을 요약하여 작성하여야 하고, 이메일의 결문에 서명(Signature)을 활용하여 커뮤니케이션을 원활하여 지도록 한다. 마지막으로 첨부파일이 있는 경우 잊지 말고 첨부하여야 한다.

가. 간결한 제목

이메일 제목이 정확하지 않으면 상대는 이메일을 확인하지 않을 수도 있다. 따라서 본문 내용을 간결하게 요약한 제목은 비즈니스 커뮤니케이션의 효과성을 높일 수 있다. 하나의 이메일 스레드에는 하나의 주제만 담고, 제목이 검색에 용이할 수 있게 작성하되, 가벼운 내용이거나 여러 개의 주제를 하나로 묶은 게 효율적일 때는 하나의 스레드에 여러 주제를 담아도 된다. 이메일 제목은 정보전달, 자료요청, 회신 및 전달 등의 내용을 주로 포함한다.

- 정보전달 : 전달하고자 하는 정보를 한 줄 이내로 요약
  - 5월 2주차 판매 실적 현황 보고자료 송부
  - 20XX년 5월 2주차(5월 5일~5월 11일) 판매 실적 현황 보고자료 송부
- 자료요청 : 요청사항에 대해 명확하게 제목에 기재
  - 20XX~20XX년 A기업 주가 변동 추이 보고서 요청
  - 나쁜 예 : 자료 요청드립니다.
- 회신 및 전달 : 상대방이 보낸 메일에 답장하거나 다른 누군가에게 전달한다. 회신 메뉴 버튼을 클릭하면 'Re:'가 생성되며, 전달 메뉴 버튼을 클릭하면 'Fw:'가 표시된다(Re는 Reply, Regrading, In reference 등의 약어, Fw는 Forward의 약어). 이 경우에는 메일 제목을 변경하지 않는 것이 상대방이 메일 스레드 또는 히스토리를 파악하는 것에 용이하다. 전달시에는 메일 제목을 변경해도 무관하나 반드시 'Fw:'가 포함되어야 한다.
- 말머리 규칙 : 꺽쇠괄호[ ]의 활용하되, 남발하지 않고 긴급한 경우 또는 중요한 메일 작성시에 활용하면 다른 메일과 구분할 수 있다. 고객과 프로젝트를 진행할 경우 [프로젝트명]을 사용하고 처음 연락하는 고객에게는 [회사명]을 말머리로 사용한다.
  - [Urgent] : 긴급하여 신속한 업무처리가 반드시 필요한 경우 사용
  - [Important] : 중요 메시지인 경우 사용
  - [Must Read] : 수신자가 반드시 읽어야 하는 내용인 경우 사용
  - [Action Required] : 수신자가 반드시 답변 또는 조치를 해야 하는 경우 사용

이메일 제목 예시 Tip	
Bad Case	Good Case
• 홍길동 님께 • 안녕하세요! • 좋은 아침입니다. • 대한물산 홍길동입니다. • 어제 만난 홍길동입니다 • 잘 지내시죠? • 회신 바랍니다. • 확인 부탁드립니다. • 문의드립니다. • 가격 문의 • 모임 일정 • 출장 신청 • 사내 정책 검토 요청 • 회의 안내	• [업체명] 20XX 다이어리 견적 요청 • [상품명] 재고 소진 임박 • [행사명] 원고 요청드립니다. • [단체명] ◯◯팀 역량 강화 강의 요청 　　　　　(XX/XX 금 14:00~16:00) • [기관명] ◯◯ 연구보고서 수정 요청_3차 • [매체명] ◯◯◯ 대표님 취재 요청 • [◯◯팀 회신] ◯◯ 보고서 검토 의견 • [프로젝트명] 표지 디자인 시안_수정(1) • [공지사항] 8월 여름 휴가 신청 안내 • [입사지원] 대한 물산 사무직(경력) • [검토요청] ◯◯ 브랜드 인지도 조사

나. 실명 작성

이메일 발신인 이름이 닉네임이거나 이모티콘 등으로 표시되어 있으면 상대방은 비즈니스 대상인지 사적인 대상인지 스팸인지의 구분을 모호하게 한다. 실명으로 발송되지 않은 메일은 비즈니스 측면의 신뢰도가 훼손된다. 또한 대면 커뮤니케이션이 아니기 때문에 만일 읽는 사람이 나쁜 감정이 생겨도 해소시킬 방법이 없다.

－ 발신자명 : 국문 본명 사용, 영문 본명 사용(영문 이메일 발송 시)
－ 영문이름 : First name+Last name 순으로 작성하여 외국인에게 혼동을 주는 것을 지양한다. First name은 띄어쓰기 하지 않고 붙여쓰거나 하이픈 사용 또는 컴마를 사용하여 Last name의 위치를 명확히 한다.
－ 이메일 주소는 ID에서 이름 또는 닉네임이 연상될 수 있도록 하며 가능한 숫자 사용은 지양하고, 프로필 이미지도 설정할 수 있다.

다. 수신(To), 참조(CC), 숨은 참조(BCC) 활용

수신(To), 참조(CC), 숨은 참조(BCC)를 효과적으로 사용하여 비즈니스 커뮤니케이션 효과성 제고할 수 있다.

－ 수신(To) : 이메일 수신 대상, 정보를 숙지해야 하는 수신자, 자료요청시 자료를 보내주어야 하는 수신자, 답변을 해주어야 하는 수신자, 반드시 행동을 취

해야 하는 사람이다. 수신자가 여러 명인 경우 수신자의 개인정보(이메일)이 노출되어서는 안 되는 경우 '한 명씩 발송' 메뉴를 사용한다.

- 참조(CC) : Carbon Copy의 약어로 직접적인 내외부 관계자이다. CC는 메일을 보고 즉시 액션을 취해야 하는 사람은 아니나 필요에 따라 개입이 필요한 사람으로 일반적으로 누군가에게 업무 요청을 하면서 상대방의 상사를 CC로 포함한다. 단, 민감한 개인정보를 다룰 때는 예외이다.

- 숨은 참조(BCC) : Behind/Blind Carbon Copy의 약어로 업무내용을 공유해야 하나 수신자 리스트가 노출될 경우 곤란한 상황에 처할 경우에 활용되는 기능이다.수신자에게 민감한 내용이라 수신자 수가 많으면 곤란하나 동료나 특정인이 반드시 알고 있어야 할 경우 메일을 보내고 Forward할 필요 없이 BCC를 활용한다. 다수의 상대방에게 전송하는 메일인 경우 상대방이 '모두 답변(reply all)'로 답변했을 경우나 To나 CC에 수신자가 나와 있을 경우에 원치 않는 메일이 연속적으로 답메일이 발송되는 것을 방지하기 위해 사용한다.

- 메일머지(Mail Merge) : 공지사항, 보도자료, 정기적 홍보 등을 전하는 업무를 담당자가 주로 사용한다. 엑셀로 수신자 목록을 만들고 xlsx 또는 cvs 파일로 저장하고 수신자 목록의 필드명을 포함하여 이메일 작성한다.

라. 간결하고 핵심을 요약한 본문

간단한 인사말 뒤에 본론을 작성하되 본문 작성시에는 전달하고자하는 메시지와 목적을 명확히 하고 글머리 기호 등을 활용하여 간결하게 작성한다. 메일에서 상대가 반드시 알아야 하는 정보는 글씨색을 다르게 하거나 굵은 글씨 처리하여 강조한다.

- 이메일 본문 구조 : 인사말-전달할 내용-상대방이 취해야 할 행동-맺음말
- 비즈니스 이메일은 편지가 아니라 공식 문서이므로 전달할 내용과 요구하는 행동을 명확히 적고 요구를 할 때는 시한 명시한다.
- 회사 내부 이메일은 인트라넷이나 협업 툴(Slack, Jandi 등)에서 대화하듯 친근하게 작성해도 되나 명확성 유지한다.
- 고객이나 기타 이해관계자에게 보내는 이메일은 인사말과 맺음말 등 최소한의 격식을 갖추어야 하고, 처음 연락하는 상대방에게는 인사말에서 작성자가 누구인지 명백히 밝힌다.
- CC에 포함된 사람이 누구이고, 어떤 이유로 포함되었는지 밝히고 새로 추가되거나 제외될 때도 이유 명기한다.

– 줄바꿈은 Single space, 문단구분시에는 Double space 사용한다. 글머리 기호는 간결한 기호나 숫자를 사용하고 글씨 크기 변경은 가능한 지양한다.

마. 서명(Signature) 활용

이메일 메시지 끝부분에 첨부하며 일반적으로 이름, 직함, 회사명, 이메일 주소, 연락처, 웹 주소 등이 포함되며, 이메일 메시지를 끝내기 위해 서명을 사용한다. 상대방이 연락처를 아직 모르거나 명함을 교환하지 않은 사이 또는 상대방이 궁금한 점이나 추가로 요청할 사항이 있을 때 즉각적으로 연락할 수 있도록 연락처를 남겨둔다. 명함을 이미지화하여 서명으로 사용하기도 한다.

서명(Signature) 디자인 Tip
• 이미지 용량은 가능한 적을수록! • 너무 많은 링크를 포함하지 않기! • 인용구 포함하지 않기! • 이메일 서명이 본문내용을 방해하지 않기! • 여러 종류의 메일 계정으로 발송해보고 발송한 이메일을 PC와 모바일 버전 확인!

바. 첨부파일

업무상의 비즈니스 메일은 첨부파일을 첨부하는 경우가 많다. 이때 첨부파일을 송부하는 경우에는 첨부파일을 누락하지 않고 정확히 첨부한다.
– 파일명 통일 : 정확한 의사소통, 업무 진행 내역의 정확한 기록
– 파일을 첨부하기 전에는 파일명 규칙을 정하고, 규칙에 따라 파일명을 작성했는지 확인 ex) 프로젝트명_주제_작성 날짜
 • 업무가이드_목차_20XX1101.docx
 • 대한물산_기획팀_20XX사업기획안_01.pptx
– 첨부파일 누락 방지 ex) 구글 첨부파일 에러 메세지

– 대용량 첨부파일 : 대용량 첨부파일인 경우 압축한다. 문서의 경우 pdf 용량 줄이기 위해 Smallpdf 등을 사용하고, 이미지파일인 경우 TinyPNG 등을 사용하여 동영상이나 대용량 메일인 경우 클라우드의 공유링크 등을 사용한다.

이메일 발송전 체크리스트 Tip

- 받는 사람, 참조, 숨은참조를 제대로 작성했는가?
- 제목이 내용을 잘 드러내는가?
- 내용 중 여러 주제가 포함되지 않았는가?
- 내용 중 이해하기 어렵거나 애매모호한 표현은 없는가?
- 첨부파일을 첨부했는가?
- 오타, 비문, 틀린 맞춤법은 없는가?
- 수신자가 해야하는 행동과 마감기한 등을 명확히 제시했는가?
- 이메일을 보내기에 적당한 시간인가?

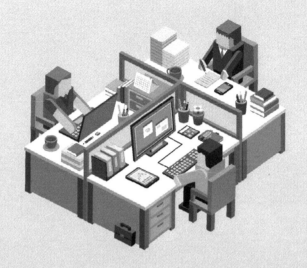

[부록]

아래 한글 단축키		
단축키	약어	기능
Ctrl + A	ALL	모두 선택
Ctrl + S	SAVE	저장하기
Ctrl + F	FIND	찾기
Ctrl + Z		되돌리기
Ctrl + X		잘라내기(가위모양)
Ctrl + C	COPY	복사하기
Ctrl + V		붙여넣기
Ctrl + B	BOLD	진하게
Alt + N	NEW	새문서 열기
Ctrl + U	UNDERLINE	밑줄
Ctrl + I	ITALIC	기울이기
Ctrl + O	OPEN	
Ctrl + P	PRINT	
Ctrl + F10		특수문자표
Ctrl + Enter↵		(다음 페이지로)강제 쪽나누기
Ctrl + F5		내어쓰기
Ctrl + F6		들여쓰기
Ctrl + F3		상용구 등록(상용구 입력 Alt + I)
F7		여백보기
F9		한자로 변환

Ms-Word 단축키			
구분	단축키	약어	기능
실행	Ctrl + A	ALL	모두 선택
	Ctrl + C	COPY	복사하기
	Ctrl + F	FIND	찾기
	Ctrl + H		바꾸기
	Ctrl + O	OPEN	문서열기
	Ctrl + S	SAVE	저장하기
	Ctrl + Alt +S		재실행
	Ctrl + Y		되돌리기 취소
	Ctrl + V		붙여넣기
	Ctrl + X		잘라내기(가위모양)
	Ctrl + Z		되돌리기
글꼴	Ctrl + B	BOLD	진하게
	Ctrl + E		가운데 정렬
	Ctrl + I	ITALIC	글씨 기울이기
	Ctrl + J		양쪽 정렬
	Ctrl + L	LEFT	왼쪽 정렬
	Ctrl + M		들여쓰기
	Ctrl + R	RIGHT	오른쪽 정렬
	Ctrl + U	UNDERLINE	글씨 밑줄
	Ctrl + Shift + M		내어쓰기
	Shift + F3		대소문자 바꾸기
작업	Alt + I + S		특수문자 삽입
	Ctrl + Y		반복 작업
	Ctrl + Alt + D		미주 삽입
	Ctrl + Alt + F		각주 삽입
	Ctrl + Alt + M	MEMO	메모 삽입
	Ctrl + Shift + C	COPY	서식 복사
	Ctrl + Shift + V		서식 붙여넣기
표	Alt + 5		표 전체 선택
	Alt + Home		행의 첫 셀
	Alt + End		행의 마지막 셀
	Alt + Page Down		열의 마지막 셀
	Alt + Page Up		열의 첫 셀
	Shift + ←→↑↓		셀 블록 설정

영어 특수문자 읽기			
특수문자	입력 방법	영어 표기	명칭
:	Shift + `;`	Colon	콜론
;	`;`	Semicolon	세미콜론
/	`/`	Slash	슬래시
\	Shift + `\`	Backslash	백슬래시
@	Shift + `2`	At	앳
&	Shift + `7`	Ampersand	앰퍼샌드
'	`'`	Apostrophe	어퍼스트로피
`	`` ` ``	Grave	그레이브
-	`-`	Hyphen	하이픈
_	Shift + `-`	Underscore or under bar	언더스코어 or 언더바
*	Shift + `8`	Asterisk	아스테리스크
"	Shift + `'`	Quotation Mark	쿼테이션 마크
?	Shift + `/`	Question mark	퀘스천 마크
!	Shift + `1`	Exclamation Point	익스클레메이션 포인트
#	Shift + `3`	cross hatch	크로스해치
.	`.`	Period or Dot	피리어드 or 닷
,	`,`	Comma	컴마
~	Shift + `` ` ``	Tilde	틸드
^	Shift + `6`	Caret or Circumflex	캐럿 or 써쿰플렉스
%	Shift + `5`	Percent sign	퍼센트 사인
$	Shift + `4`	Dollar sign	달러 사인
=	Shift + `=`	equal sign	이콜 사인
<>	Shift + `,` Shift + `.`	Angel bracelet	앤젤 브레슬릿

특수문자 삽입		
구분	방법	특수문자
아래 한글	Ctrl + F10	
Ms-Office	[삽입]-[기호]	
Windows	ㅁ+한자키	

특수문자 삽입		
구분	**방법**	**특수문자**
Windows	ㄴ+한자키	
	ㅇ+한자키	
Windows 10	⊞ + `.` ⊞ + `;`	

2. 직급의 국문·한문·영문명

국문	한문	영문
회장	會長	Chairman & CEO
부회장	副會長	Vice Chairman & CEO
대표이사	代表理事	Representative Director & CEO, Managing Director
사장	社長	President & COO
지사장	支社長	President, Branch office President
부사장	副社長	Senior Executive Vice President
전무이사	專務理事	Senior Managing Director & CFO
상무이사	常務理事	Managing Director
상임고문	常任顧問	Executive Advisor
이사장	理事長	The Chief Director
이사	理事	Director
감사	監事	Auditor General
부장	部長	General Manager
본부장	本部長	Director
실장	室長	General Manager
부장	部長	General Manager
차장	次長	Deputy General Manager
과장	課長	Manager
대리	代理	Deputy Manager
계장	係長	Chief, Senior Staff
주임	主任	Assistant Manager
수석연구원	首席研究員	Principal Research Engineer
책임연구원	責任研究員	Senior Research Engineer
선임연구원	先任研究員	Research Engineer
전임연구원	傳任研究員	Associate Research Engineer
주임연구원	主任研究員	Assistant Research Engineer
전문위원	專門委員	Research Fellow
비서	秘書	Secretary
계리사, 회계사	計理士, 會計司	Accountant
전화통신 판매원	電話通信 販賣員	Telemarketer
판매사원	販賣社員	Sales clerk
속기사	速記士	Stenographer

3. 부서의 국문·영문명

국문	영문
기획부	Planning Dept.
총무부	General Affairs Dept.
인사부	Personnel Dept. / Human Resource Dept.
홍보부	Public Relations Dept.
해외사업부	International Development Dept.
재무부	Financial Dept.
경리부	Accounting Dept.
마케팅(사업)부	Marketing (Business) Dept.
영업부	Sales Dept.
연구개발부	R&D(Research & Development) Dept.
경영지원부	Management Support Dept.
고객관리부	Customer Management Dept.
기술지원부	Technical Support Dept.
생산부	Production Dept.
생산관리부	Manufacturing Management Dept.
시설관리부	Facilities Management Dept
기계사업부	Machinery Division
설계팀	Design Team
전자상거래팀	E-Commerce Team

4. 직업·학위 명칭

국문	한문	영문
최고경영자	最高經營者	CEO(Chief Executive Officer)
최고재무중역	最高財務重役	CFO(Chief Financial Officer)
최고정보중역	最高情報重役	CIO(Chief Information Officer)
최고경영중역(운영책임자)	最高經營重役(運營責任者)	COO(Chief Operation Officer)
최고기술중역	最高技術重役	CTO(Chief Technology Officer)
최고개발중역	最高開發重役	CDO(Chief Development Officer)
최고지식경영자	最高知識經營者	CKO(Chief Knowledge Officer)
최고개인정보보호책임자	最高個人情報保護責任者	CPO(Chief Privacy Officer)
최고전략책임자	最高戰略責任者	CSO(Chief Strategy Officer)
최고보안책임자	最高保安責任者	CSO(Chief Security Officer)
최고Vision책임자	最高Vision責任者	CVO(Chief Vision Officer)
최고E-business책임자	最高E-business責任者	C@O(Chief e-Business Officer)
강사	講師	Instructor
조교수	助敎授	Assistant Professor
부교수	副敎授	Associate Professor
학사	學士	BA(Bachelor's degree)
석사	碩士	MA(Master's degree)
박사	博士	Ph. D.(Doctor of Philosophy)

가. ORDER : 5-2-1-6-7-3-10-9-4-8

1. WILDER B L
2. BOSCHWILDER B L
3. WILDER BERT MR
4. WILDER MARTHA MRS
5. BOSCH SALLYLEE
6. WILDER BERT L
7. WILDER BERT L JR
8. WILDER THOS
9. WILDER MARTHA DR
10. WILDER MARTHA ANNE PHD

나. ORDER : 2-4-10-1-7-3-5-8-6-9

1. OLIN J R
2. OLIN B
3. OLIN KARL MR
4. OLIN BETSYJANE
5. OLIN NITA
6. OLINSCANLAND NELL
7. OLIN J R III
8. OLIN ROBT
9. VANKREY MARTHA OLIN
10. OLIN BILLY

다. ORDER : 3-8-2-9-1-7-4-10-5-6

1. MACCARVER LUEGO
2. JACKSON JANET S
3. CLAYPOOL CLARA BETSY
4. PURCELL JULIUS R MD
5. STJOHN MARGARET
6. TOLLSILLS PATELLEN
7. MOOREHONAKER ALANA N
8. DANGELO PERRY JOHN JR
9. KEITHADAMS ROBYN T DR
10. SAGER LEO CHAS II

라.-1 ORDER : B-C-A

(b) SU S T
(c) SU STEVE
(a) SU STEVEN

라.-2 ORDER : B-C-A

(b) HUANG MARK
(c) HUANG MARK R MR
(a) HUANG PATTY

라.-3 ORDER : C-B-A

(c) LEWIS MANDY
(b) LEWIS MORGAN F JR CAPTAIN
(a) MORALES LEWIS

라.-4 ORDER : B-A-C

(b) MAGLIARO S
(a) NORTHROP G
(c) OHOULIHAN D

라.-5 ORDER : B-A-C	라.-6 ORDER : A-C-B
(b) OREILLY PEGGY (a) ORILEY PEG (c) ORILEY PEGGY	(a) GLENN ANGIE (c) GLENNHUNTER GEORGIA (b) HUNTER GEORGE
라.-7 ORDER : C-B-A	라.-8 ORDER : A-B-C
(c) LEEWINTERS SUE (b) WINTERS SUE LEE (a) WINTERS SUELEE	(a) JOHNSON SAM (b) JOHNSTON SAM DR (c) JOHNSTON SAM JR
라.-9 ORDER : A-C-B	라.-10 ORDER : B-C-A
(a) EAMES MICHAEL JR (c) EAMES MICHAEL SR (b) EANES MIKE SR SGT	(b) ROBB KATHERINE (c) ROBERSON KATHY T (a) ROBSON KATHRYN

참고문헌

강성범. (잘나가고 싶은 직장인을 위한) 비즈니스 문서 테크닉. 서울: 영진닷컴. 2010.

교육부, 한국직업능력개발원. NCS 학습모듈 비서-01. 경영진 지원 업무. 서울: 교육부. 2015.

교육부, 한국직업능력개발원. NCS 학습모듈 비서-07. 경영진 문서 작성 관리. 서울: 교육부. 2015.

국립국어원. 문장 부호 해설, 2014.

국립국어원. 한글 맞춤법 표준어 규정 해설, 2018.

김마라. (실무에 바로 쓰는) 일잘러의 보고서 작성법. 경기도: 파주 제이펍, 2022.

김재성. 슈퍼 업무력 ARTS. 인천: 이새. 2020.

박원근. 한국실용글쓰기. 서울: 영진.com(영진닷컴), 2022.

박학천. (국가공인) 한국 실용글쓰기. 서울: 박문각, 2010.

백승권. 보고서의 법칙. 서울: 바다출판사, 2018.

심재우, 손일수. (설득과 커뮤니케이션을 위한) 기획서 & 문서 작성 가이드. 서울: 바른지식. 2008.

이광희. (된다! 스마트 워크를 위한) 구글 업무 활용법. 서울: 이지스퍼블리싱, 2021.

이호철. 맥킨지式 문서력. 서울: 비즈센, 2012.

이화진. Business 문서작성과 관리. 서울: 지성토탈, 2013.

장은주, 김경화, 유지선. 비서실무의 이해. 서울: 한올출판사, 2016.

정경수. 문서작성 최소원칙. 서울: 큰그림, 2018.

조성도. 일잘러를 위한 이메일 가이드 101. 서울: PUBLY(북바이퍼블리). 2018.

조영아, 이화진. 비서·사무교육에의 적용을 위한 스마트워크 탐색 연구. 비서·사무경영연구 29(3). 133-158. 2020.

제등성. 기획서·제안서 작성법. 서울: 삼양미디어, 2004.

지은실. 인적자원관리용어사전. 경기도: 한국학술정보, 2009.

채수경. 한지연. (Office-pro를 위한) 사무·문서관리. 서울: 두남, 2008.

최 욱. HRD 용어사전. 서울: 중앙경제, 2010.

한주원. 실용문서작성. 서울: OK Press, 2003.

한주원. (실무사례) 스피드 문서작성. 서울: 현우사, 2008.

한주원. (실무로 통하는) 비즈니스 문서코칭. 서울: 청람출판사, 2014.

한국국어능력평가협회. (한방에 끝내는) 실용글쓰기. 서울: 북이그잼, 2016.

황상모. (예스폼) 비즈니스 문서작성. 서울: 예스폼, 2008.

과학문화융합포럼. http://www.sciart.or.kr

교육부. https://www.moe.go.kr/

국가법령정보센터. https://www.law.go.kr/LSW/main.html

국립국어원 한국어 어문 규범. https://www.korean.go.kr/

국회법률정보시스템. http://likms.assembly.go.kr

네이버 뉴스 라이브러리. https://newslibrary.naver.com/

대법원 전자가족관계시스템 통계서비스. https://stfamily.scourt.go.kr/st/StFrrStatcsInq.do

법제처 국가법령정보센터 https://www.law.go.kr/

서울문화재단 https://www.sfac.or.kr//

우정사업본부. http://www.koreapost.go.kr

예스폼 https://www.yesform.com/

인터넷우체국. https://www.epost.go.kr

정부24. https://www.gov.kr/

정부전자문서유통지원센터 소개 https://gdoc.go.kr/cview/center02.html

조선뉴스라이브러리 100 https://newslibrary.chosun.com/

픽사베이. https://pixabay.com/

한국과학기술단체총연합회 https://www.kofst.or.kr/

한국연구재단 https://www.nrf.re.kr/

한국전문대학교육협의회 https://www.kcce.or.kr

한양여자대학교 https://www.hywoman.ac.kr/

한컴오피스 한글 도움말.
        http://help.hancom.com/hoffice/multi/ko_kr/hwp/insert/proofreadmark/proofreadmark(insert).htm

행정안전부 행정업무운영 편람 2020. https://www.mois.go.kr/

TTA정보통신용어사전. https://100.daum.net/book/642/list

저 자 약 력

이 화 진

現 한양여자대학교 비서인재과 부교수
現 대한상공회의소 프레젠테이션 자격시험 출제 및 감수
現 한국비서학회 상임이사
前 배화여자대학교 비서행정과 겸임교수
前 한양여자대학교 비서인재과 겸임교수
前 대한상공회의소 프레젠테이션 자격시험 출제 및 감수

슬기로운 문서생활

초 판 인 쇄	2022년 08월 24일
초 판 발 행	2022년 08월 31일
저 자	이화진
발 행 인	윤석현
발 행 처	제이앤씨
책 임 편 집	최인노
등 록 번 호	제7-220호
우 편 주 소	서울시 도봉구 우이천로 353 성주빌딩
대 표 전 화	02) 992 / 3253
전 송	02) 991 / 1285
홈 페 이 지	http://jncbms.co.kr
전 자 우 편	jncbook@hanmail.net

ⓒ 이화진 2022 Printed in KOREA.

ISBN 979-11-5917-222-9 13320   정가 18,000원